騎士竜戦隊リュウソウジャーエンジョイブック

リュウソウワールドへ行こう!

I N T R O D U C T I O N

「ごめん。もう、手加減できないかも」

一ノ瀬 颯 as コウ

明るく真っ直ぐ情熱で突き進む「勇猛の騎士」

RYUSOULRED **01**

CAST × SUIT ACTOR CROSS TALK_01

一ノ瀬颯 × 伊藤茂騎

かたやドラマ初出演の新人俳優、かたや初のレッド役を演じる若手スーツアクター——ともに初の重責を担いながら挑む本作の現場で、二人はいかにしてキャラクターを作り上げてきたのか？　その激闘の日々をここに振り返る。

撮影◎高山遊喜
取材・構成◎齋藤貴義

出会いと役作りのスタート

——お二人が最初に会ったのは？

伊藤　ホン（台本）読みをしているところに挨拶に行かせてもらったのが最初です。ホン読みというか、ほとんど立ち稽古みたいな感じになっていて、颯くんがガチガチでやってましたね。芝居が初めてというのは聞いていたので、初々しいなって。

一ノ瀬　あれは何回目かの台本読みだったんですけど、まだ全然慣れてなくて本当にガッチガチでやってたときで……。「こんなんですいません」って感じでした。

伊藤　（笑）。そのあと、アクション練習を全員でやったときも一緒だったんです。そしたら、颯くんの動きがすごくいいんですよ！「動けるなぁ」と思って。今年は変身前のアクションもけっこう多いんですけど、いろいろやってくれるので楽しいし、こうなったらどんどん無茶なことも言ってどんどんやらせようと（笑）。

——一ノ瀬さんは、当然、アクションも初めてですよね？

一ノ瀬　そうですね。かなりキャラクターを意識した芝居をつけてもらっているので、僕が役を演じるのに必死ということもあるんですが、あまり綺麗にやりすぎないっていうか、前のめりな姿勢というのはちょっと意識してますね。現場で動きをつけてもらって、2回くらいテストをしたら「ハイ本番」という感じなので、悔いが残ることはよくあるんですけど、限られた時間の中で、数回で決めようと集中してやっています。スポーツは比較的得意でいろいろやってたんですけど、全然違う動きなんですね。ただ戦えばいいってだけじゃなくて、見え方、見せ方が大事。決めのときはグッと止める、といったメリハリが必要なんですが、最初はわからなくてがむしゃらにやっていました。そこがすごく難しいですけど魅力的な部分です。

——伊藤さんからはどんなアドバイスを？

伊藤　「勢いで！」としか言ってないですね（笑）。「行け！　行け！　間違ってもいいから行け！」って。そこはコウという役のこともあるので、細かい動きよりは勢い。基本、颯くんの動きはカッコいいので、あとは勢いだよ、と。一番言ってるのは、たぶんそれだよね？　「あと10倍行けるから」って（笑）。

一ノ瀬　自分で客観的に見られていないので、形のことばっかり意識しちゃうんです。でも、そうやって言ってもらえると「あ、そうだ、一番重要なのはやっぱり勢いだ」と。あとで見返しても、やっぱり勢いがあったほうが動きがいいんですよね。自分でやってるとそれを忘れがちでいつもシゲさんに助けられてます。

——二人で一人の人物を演じるというのはヒーロー作品ならではですよね。

一ノ瀬　とにかく役者として作品に関わるのが初めてだったので、全部が全部新鮮だったんですけど、自分と同じ役をやるスーツアクターさんがいるというのはすごく不思議な感覚でしたね。現場でもそんなにたくさんお会いできる訳じゃないだろうし、その二人が一人のキャラクターを演じるのに同じことを考えるというのはすごく難しいんだろうなって思ってました。独りよがりじゃ成り立たないところもあるので……。自分はこのシーンをこう演じたけどシゲさんはどう思ってるのかな？って常に気になって、一緒にいるときは演じ終わったあとでチラチラ見てるんですよ。

——コウというキャラクターをお二人はどんな風に捉えていますか？

一ノ瀬　みんなが諦めても決して諦めずにみんなを引っ張っていく。コウはそういう存在だと思うので、どんなにピンチになってもみんなを励ますために笑顔になるキャラクターを一番意識してます。ツラいときもあえて笑顔ですね。

伊藤　アクション面だと、コウの型にハマらないまっすぐで身体能力も高い感じが出せればなと思っています。一応、騎士なのでマスターがいるし、そこで修行もしてるんですけど、「天賦の才能」という設定がありますから基本的には自己流の剣術。綺麗な剣さばきはメルトがいて、どっしりとした強さがバンバ、アスナはパワー系だし、トワはトリッキーな動きをするし、そういった部分でのアクセントもありますね。コウの剣はドンドン、ドンドンみたいな野性味で、言い方が悪いと雑な動きなんですけど、それでも成り立つぐらいの強さが出ればなと。

——そういうイメージを、どんな形でお芝居に作り上げていくんですか？

一ノ瀬　撮影ごとに、まずは台本を読んでひと通り自分でキャラクターを作ってみて、コウの根底にある「これだけはブレない」というところを確認するようにしています。それからシゲさんにアドバイスをいただく感じです。やっぱり大先輩なので。

伊藤　そんなに大先輩でもないよ（笑）。毎年やるにあたって考えているのは、まずキャラクターがあって、あとは変身前にやっている役者さん。そのお芝居だとか仕草をよく見て、そこに自分の持っているプラスアルファができればいいなと思っているんです。だから、最初から僕が何か言うと颯くんの良さが出ないなと思って、ちょっと引いた感じで見ながらアドバイスしていこうと思ってたんですけど、颯くんのほうから結構聞いてきてくれるんですよ。で、それならちょっと気づいたところはどんどん言ったほうがお互いよくなるのかなと思って、今に至りますね。

お互いの演技からフィードバック

――伊藤さんが一ノ瀬さんのお芝居をヒントにされたところはありますか？

伊藤　一番最初にやったのは、颯くんがアスナに向かって両手で指差した動きですかね。それを見てチャンスがあったら入れていこうと思いました。コウのキャラっぽい雰囲気が出てるなと思うところを共有していると、より同一人物感が出るのかなって。

一ノ瀬　シゲさんの指さしを見たときに「あ！　それ僕がやってた！」と思って。見てくれてるんだなって嬉しかったですね。あとはアフレコですね。アフレコのときに、僕が見てないところでシゲさんが演じている部分がわかるので、「あ！　こういう思いで演ってたんだ」って確認できるんです。自分が思っていたことと違ったりすると、「こういうふうに考えてたんだな」って新しい選択肢が生まれるんですよ。やっぱり違うなと思って、新たに発見したところを次に活かそうと思うんです。

――そういう部分で印象深かったアフレコは？

一ノ瀬　最近だと26話かな。これまで語られていなかった、コウの過去が出てきたんです。昔すごく暴力的だったところ。それで、いつものコウとは明らかに違うので「うわー！　これどうするんだろう？」って思ったんですけど、昔のコウに戻ってしまったシーンはシゲさんが演じることになっていたので、どうやられるのかな？　と。台本の「乱暴者だった」って字面だけ見てると、とにかくハデに暴れまくるのかなってイメージだったんですけど、アフレコのときに見たら、シゲさんはどちらかというと静かな……。

伊藤　冷静に、冷たい感じの雰囲気にしたんですよ。あのときは監督ともかなり話しました。今まで純粋で真っ直ぐなコウを積み上げてきたんですけど、実はそういう過去があったってことになると難しくて……どうやったらキャラクターを崩さずに、今のコウに繋げられるかって考えたんです。それで、自分的には「純粋だったから真っ直ぐに強さだけを求めたんだろうな」と思って演じたんです。

一ノ瀬　ちょっと狂気を感じるような演技をされていて、これは僕には想像できなかったなって。コウならこんな感じだろうなとパターンで決めつけないで、新しい一面を作っていく。そういうところが上手だなと思って印象深かったです。僕ももっと深みを持たせるようにしなきゃダメだなって思いました。

――反対に、一ノ瀬さんから伊藤さんにリクエストされるようなことはあったんですか？

一ノ瀬　僕はリュウソウレッドのシーンを直接演じる訳じゃないけれど、ちょっとした技であったりとか、新しいことをやりたいと思ったら相談するようにしてます。「こういうのどうですか？」「じゃあこれはどう？」みたいなやりとりで味付けしてもらって、やっています。つい最近だと坂本組（第29～31話）でのブレイクダンスですかね。

伊藤　監督から「こういう動きがあるんだけどどうしよう？」と話があったときに、颯くんがダンスをやったことがあるって前に聞いてたことを思い出したんです。それで「颯くん、ここでダンスできないかな？」って。それで颯くんにやってもらったらとてもよかったので「それで行こう！」って。他にも「前回はこういう蹴りをやったから、今回は別の蹴りをやってみよう」とか、常に試行錯誤してますね。僕からはけっこう無茶振りしてますよ。「これできる？」って。

一ノ瀬　（笑）。できなかったらどうしよう？　というのはありますけど、僕はけっこうな負けず嫌いなので、「できる？」って言われたら、できないとは言いたくなくて。だから、いろんなことをやりたいって思うんですよ。もっと練習もしたいですけどね。

伊藤　様子を見ながら「ちょっとやってみよう！」とか、そうやってステップアップを徐々にしていく感じで。

――コウというキャラクターも、どんどん成長していってますよね。

一ノ瀬　209歳という設定ですが、精神的にはやっぱり小学生ぐらいなのかなって。でも難しいんですよね。子供っぽいから諦めないっていうところもあれば、無意識なのかもしれないけど、みんなを引っ張っていかなきゃっていう、そこはリーダーシップを見せる大人っぽい一面もある。両方合わせ持っているけれど、演じるときには、子供っぽい面をメインに据えているところがあると思います。幼なじみ3人組の中では、一番若いというか……。

伊藤　最初はアスナとメルトに頼りきりみたいな感じでいこうと思ったんですけど、思っていたよりアスナがずっとこっち側になっちゃったんで（笑）。

一ノ瀬　ああ（笑）。

伊藤　むしろコウよりちょっとアレな方向に行きだして（笑）。コウとアスナはワチャワチャやってるけど、メルトがその世話を焼くという、そのほうがあの3人はバランスがいいのかなって思いますね。

積み重ねの果てに得た一体化

Shigeki Ito as RYUSOULRED

シゲさんのすごさは、やっぱり役に向き合う姿勢です。それは誰にも負けないだろうなって。(一ノ瀬)

――これまでで、一番印象深いロケは？

伊藤　一番といえば、やっぱり劇場版『騎士竜戦隊リュウソウジャーTHE MOVIE タイムスリップ！恐竜パニック!!』ですかね。あのときは嵐のような天気も含めて、マジでいろいろヤバかったんですよ。お芝居も盛り上がるところで。

一ノ瀬　僕も劇場版ですね。変身したあとの重要な会話シーンでは、アフレコでどんな芝居をしたらいいのか考えていたんですけど、シゲさんの演技を見せてもらったら「コレだ！」と思ってまんまやらせてもらったんです。長いシーンで不安だったんですけど、シゲさんの動きに乗せてみたら自分と一体化していく感じがあって、一発でOKが出たんですよ。何の違和感もなく気持ちをセリフに乗せられたのは、やっぱり二人で作ってきたものが一致しているからだなって思いました。

――劇場版といえば、CMでも使われていた目つきが鋭いコウの演技も印象に残りました。

一ノ瀬　上堀内(佳寿也)監督にいろいろ教えていただきました。そういう振り切った芝居に関しては、けっこう身に付いてきたのかなと思ってます。最初はやっぱり固すぎたなと。僕、もともとが「緊張しい」なんですよ。最初の舞台挨拶とかもカチカチでしたし。

――客席からは「テンパリ王子」「焦りプリンス」とか言われてましたよね

伊藤　(笑)。

一ノ瀬　今は、その世界に入り込むことで緊張せずに演じることができるという感じですかね。いや……「睨む」のが得意ってことで(笑)。最初は、緊張で笑顔もひきつったり固くなっちゃったりしてたんですけど、やっぱり現場に慣れてきたことで今は比較的……。

伊藤　映画のときのキリッとした表情は、元から表現するのが上手かったんですよ。颯くん、顔がいいので。

一ノ瀬　そんな(笑)。

伊藤　それに、柔らかい芝居もだんだんよくなってきたなって思います。颯くんは真面目だし、緊張もあって最初の頃はコウの柔らかいときの表情がちょっと苦手なんだなって思いました。だから「普段みんなと話しているときの柔らかい感じが芝居の中でも出ればいいんじゃない？」って言ったこともあったと思うんですけど。

一ノ瀬　そう言われながらも結局ガチガチで……。シゲさんが演じているレッドとかの演技を見ていて、あーそうだよな、これくらい明るくしないとダメだよなって思って。

伊藤　でも、今は客観的に見ていて、だんだん強弱というか、コントロールして表情が上手く出せるようになってきたなと思いますよ。

一ノ瀬　それはやっぱりシゲさんのレッドを見て僕の中のコウが出来上がっていったからだと思います。

――お芝居が始まるまでは当然ガチガチじゃないんですよね？

一ノ瀬　ええ、普段は仲良くなりたい人には、よく知らなくてもすぐ声をかけるタイプなんです。撮影が始まる前、(尾崎)真花や綱(啓永)くんに最初に話しかけたのは僕からだったんですよ。やっぱり1年間、幼なじみの3人としてやっていく上では仲良くなっておかないといけないなと思って。

――お二人は話しやすかったですか？

一ノ瀬　綱くんは前から名前を知っていて、オーディションのときに「啓永くん」って呼ばれているのを聞いて、あの人だ！と

いちのせ・はやて：1997年4月8日生まれ。東京都出身。特技は、ダンスとバスケットボール。大学の入学式でスカウトされて芸能界入り。1年と経たずして、コウ／リュウソウレッド役を射止め俳優デビューを果たし現在に至る。

颯くんは本当にいい子です。その場をよくしようという気持ちで、常にみんなを気にかけている。（伊藤）

思って会場で話しかけたんです。オーディション会場で出会って、今一緒に出演していることが奇跡だなって思ってます。真花も壁がなくて誰とでも仲良く話せるタイプだったので、僕から話しかけても快く受け入れてくれた感じで。最初の頃からみんな、すごく仲がいいです。みんなでご飯にも行きますし。

――伊藤さんとは？

一ノ瀬　一番最初に会ったとき、優しく接してはいただいたんですけど、あまり喋れなくて、大丈夫かなって思ったんですけど……。

伊藤　僕がちょっと人見知りなので（笑）。最初の段階で僕から話しかけることはなかなか少ないというか。だから、話しかけてもらったほうがありがたいんですよ。様子をうかがいながらですけど、基本的には仲良くなりたいなと思っている人間なので、毎年そんな感じなんです（笑）。慣れるまでがちょっと……。

――ここまで二人でコウ／リュウソウレッドを演じてこられて、現在はお互いに特別な気持ちがあるのでは？

伊藤　特別な気持ち！　ありますね。颯くんの場合は、ちょっと歳の近い弟みたいな感じで。いや、弟は違うか……家族……というよりは、もう一人の自分って感じです。去年、一緒にパトレンエックスを演じた（元木）聖也くんも同じように、自分の分身という感じではあるんですけど、彼はキャリアがあったのでちょっと感覚が違うんですよね。颯くんは、より大事にしたくなるというか、面倒見たくなるって感じですかね。

――それぞれ「ウチの相方のココが一番すごい！」と思うところは？

伊藤　全部すごいですよ！

一ノ瀬　（笑）。

いとう・しげき：1988年12月20日生まれ。神奈川県出身。2011年、JAE養成所時代に『Wipe Out-破壊-』で初舞台を踏み、その後、スーツアクターとして仮面ライダーやスーパー戦隊シリーズに参加。2018年、『快盗戦隊ルパンレンジャーVS警察戦隊パトレンジャー』で追加戦士ルパンエックス／パトレンエックスを演じ、続く本作で初のレッド役を担当。

伊藤　颯くんって本当にいい子なんですよ。その場をよくしようという気持ちがすごくあって、常にみんなを気にかけている。そういう優しさがあるんです。

一ノ瀬　ありがとうございます。シゲさんのすごさは、やっぱり役に向き合う姿勢です。それは誰にも負けないだろうなって。自分の出番が終わっても、残って僕の演技を見てくださって……。本当に頭が上がらないですよ。感謝しかないです。僕のお手本というべき存在です。

――最後に、今後の目標などあれば聞かせてください。

伊藤　個人的には悔いがないように、キャラクターと作品をもっと盛り上げていきたいと思っています。そのためには、颯くんと一緒にいる時間を大事にして、最終的に1年全体でよかったなって思ってもらえるようにしたいですね。

一ノ瀬　コウをみんなが大好きになれるキャラクターに育てたいなっていうのが一番ですね。それから、シゲさんのアクションはどうしても僕に合わせてもらうような感じになっちゃうと思うんですけど、僕自身がやれることを増やしていって、シゲさんの持っているものをもっともっと出してもらえるように頑張ろうと思います。ずっとあとになっても「二人で作ってよかったね」って言われるようになれたらいいですね。

伊藤　最後まで一緒に頑張ろう！

一ノ瀬　はい!!

「甘い！　隙を作るな」

綱 啓永 as メルト

クールな佇まいに熱さを秘める「叡智の騎士」

RYUSOULBLUE 02

白亜紀の
生物と恐竜

綱 啓永 × 高田将司

冷静さと知性を武器に戦う幼なじみ組のマジメ代表、メルト／リュウソウブルー。シリアスからコメディまで振り幅の広いキャラクターを二人三脚で作り上げてきた二人が、これまでの撮影をナイスコンビネーションで語り合うブルー対談！

撮影◎高山遊喜
取材・構成◎山田幸彦

ヒーローとしての核を忘れない

――まずは、お二人の最初の顔合わせについてお聞かせください。

高田　キャストのホン（台本）読みの場にお邪魔して、挨拶させてもらったのが最初ですね。

綱　もう懐かしいなぁ。面白い人というのが高田さんの第一印象でした。

高田　えっ、真面目に挨拶したつもりだったけど、その感じ出てた？（笑）

綱　出てました！　監督との絡みとかを見ていて、楽しい人なんだなって。それは今でも変わりません（笑）。

――高田さんの綱さんに対する第一印象はいかがでしたか？

高田　僕は「今年もイケメンな子が来たな」と思いましたね。あとは、身長が同じくらいだったので、背を高く見せるために苦労したりすることはなさそうだなと（笑）。

――二人で一つのキャラクターを作っていくことは特撮ヒーロー作品ならではのことだと思うのですが、その点について綱さんは当初、どういう印象を持たれていましたか？

綱　現場に入るまで、スーツアクターの方と二人三脚でキャラクターを作っていくことをまったく知らなかったので、驚きました。いざやってみると、二人でやるからこそキャラの幅が広がる部分があって、とても面白いなって。たとえば、今年の3月くらいにメルトの表現に関して僕の中で迷っていた時期があったんですけど、そのとき高田さんに相談させてもらったんですよ。

――具体的にはどのような相談をされたのでしょうか？

綱　高田さんにLINEで迷っていることを伝えて、僕の中のメルトのイメージに合う単語を10個くらい挙げたんです。「努力家」「知識が豊富」とか。その中に僕が「ビビり」という単語を入れていたんですよね。そしたら、「〝ビビり〟だとヒーローとして弱く見えちゃうから〝慎重〟のほうがいい。ヒーローとしての核の部分は忘れちゃいけないと思う」と言われたんですよ。今はそこを大事にして頑張っています。

――高田さんが変身後のリュウソウブルーを演じる上で最初に意識していたポイントはどこですか？

高田　今年は宝塚を意識してやってます。最初にいただいたお話しで「騎士」とお聞きして、妻から「それなら宝塚だ！」と言われたんです。これまでも宝塚の映像などを妻と一緒に観ていたんですが、そこからさらに目を凝らして見るようになりました。特に僕が参考にしてるのは、歩き方や目線ですね。宝塚は、それこそ騎士同士の剣殺陣もあるので、アクションの前後の構えの参考にさせてもらったりしています。

――品のあるスタイリッシュなアクションで見せていくということですね。

高田　ただ、お芝居に関しては違うんですよね。最初、ブルーは3人の中でも知性派だし、スタイリッシュな感じなのかな？というイメージがあったんですけど、蓋を開けてみたらもっとスタイリッシュな黒い人（リュウソウブラック）がいることに気付いてしまって（笑）、アクションのスタイルは綺麗に見せる方向性ではあるんですが、お芝居の部分はもうちょっとナチュラルに、他の幼なじみと変わらないニュアンスで演じています。完全な大人ではない、でも子供すぎない……微妙な感じの年頃を意識して。

――前作の『快盗戦隊ルパンレンジャーVS警察戦隊パトレンジャー』で演じたルパンレッドとは180度違うキャラクターですが、演技のスタイルを切り替えていく難しさもあったのでは？

高田　去年と変えると言っても、キャラが違うので、自然とお芝居や他の人との接し方も変わってくるんですよね。なので、普段はそれほどメルトらしさを意識せず、立ち回りのときだけ前作とは違う形にしようと考えていました。最初、現場で普通に立ってると「パトレン1号っぽいな」って言われてたんですけど、やってる人間が同じだからしょうがない部分もあると思うんです。そこはある程度割り切って、自然体でメルトを演じるようにしています。

芝居のキャッチボールでキャラを拡張

――最初に現場をご一緒されたのはどのシーンですか？

綱　2話で、レッド、ブルー、ピンクの3人がユニコーンマイナソーと戦うところです。寒かったですねぇ……。

高田　寒かったねぇ。寒かったし、今になって振り返ると、あの頃はまだまだリュウソウブルーに慣れてなかったなぁ。

――現場でお芝居やアクションのプランについて二人で話し合われることはありましたか？

綱 たまにありますけど、基本リクエストとか相談はしすぎず、自由にやってますよね。

高田 そうだね。お互い相談し合って一つのパターンを決めるよりも、まずは好きにそれぞれの表現をすればいいと思ってるんです。最後に観た人が「メルトっぽい！」と受け取ってくれればそれが正解になりますから、まずは固めすぎないようにしようと。

綱 アフレコの際に映像で高田さんのお芝居を見て、「これがあったか！」と驚かされることがけっこうあるんです。それで、高田さんに寄せてみたりして。

高田 俺も綱くんの芝居を見て「ほう……！」って思ってる(笑)。

綱 ありがとうございます(笑)。キャッチボールで進めていくのは楽しいですね。

――具体的に、お互いの芝居にメルトらしさを感じた瞬間というと、どこになるのでしょうか？

綱 もちろん高田さんの動きは全部好きなんですけど、あえて挙げるとすればディーノスラッシュです！

高田 あぁー、なるほどね。

綱 メルトはずっとディーノスラッシュを撃ってなくてヤキモキしてたんですけど、18話で初めて披露できたんですよね。アフレコで映像を観たら、高田さんがめちゃくちゃスマートにメルトっぽい動きをしていて、感動しました(笑)。

高田 18話だからよかった。1話だとまだ剣に慣れてなかったから(笑)。期間を経てのディーノスラッシュだから剣の扱いに慣れていて、ちょうどいいタイミングだったね！

綱 そういうカッコいいところはめっちゃ決めるし、ボケるところはめちゃめちゃ面白くしてくれるので、アフレコもすごいしやすいですね。

――高田さんはいかがですか？

高田 普段真面目な分、ボケた方向に振り切れたときの面白さにメルトらしさがあるんですよね。僕もそれを活かそうと思って、綱くんのセットでのお芝居をよく見るようにしています。たとえば、19話で真面目に扇風機の配置を解説してたりするくだりなんかは、俺は思いつかんなぁと。

綱 もちろん、(上堀内佳寿也)監督の演出もありますけど、あの撮影は演じていて楽しかったです。

――以前、綱さんはメルトを中学生くらいの気持ちで演じていると語られていましたが、幼なじみたちは同い年と解釈しているのですか？

綱 コウは209歳って設定だけど、メルトやアスナは明確にわからないんですよね。僕的には、みんな同い歳くらいと思って演じています。

――そんな中、メルトは同学年の中では大人びたポジションという。

綱 そうですね。なぜ中学生だと思って演じているかというと、大人ならちゃんとその幼なじみをまとめ上げられると思うんですよ。でも、メルトは背伸びしてまとめようとするから、上手くいかない部分があるじゃないですか。それは大人になりかけの年代ならではの現象なんじゃないかなと思うんですよね。

――マスターとの距離感も、師弟関係でありつつ義理の親子にも見えるような雰囲気ですよね。

綱 一番大事な存在ですからね、マスターは。だから9話の一番最後の回想シーンは、台本を読んだ時から〝親にしか見せない笑顔〟を出そうと思っていたんです。幼なじみにも見せない、ちゃんと歯を見せてニコッとする感じで。普段が真面目だから、そういう子供っぽい笑顔で関係性を表現できないかなと。

――中盤からはオトちゃんも登場し、コミカルな方向でもメルトのキャラクターが広がった感がありますが、彼女には何歳差くらいの感覚で接しているのでしょうか？

綱 けっこう下で見ているつもりですね。メルトが中学だとしたら、小学校低学年くらいの年下の友達という感じで。

高田 今のところ、フラグは1ミリも立ってない？(笑)

綱 僕は立ってないつもりで演じてます(笑)。でも、23話のラストで「一昨日会った」というメルトのセリフについて、僕はシレッと言う芝居を用意してたんですよ。そしたら、渡辺(勝也)監督から「いや、そこは面白くしよう！」と言われて、すごくフラグが立ってる感じに……(笑)。ちなみに、カナロも僕としてはあくまで友達の兄貴なんですよ。特に気を遣うとかはせず、婚活を生暖かく見守ってます！

――余談ですが、メルトを演じるときにウィッグを付ける際、何かこだわりや工夫はあるのでしょうか？

綱 強いて言うなら、前髪の位置かなぁ……。僕が前髪部分を押さえて、メイクさんが後ろ部分を引っ張って装着するので、自分がベストだと思う前髪の位置にしています。あえて言うなら、そこがこだわりですね(笑)。

トリケーンにも喋ってほしい！

――まだまだ広がりつつあるメルトのキャラクターですが、綱さんが役を掴めたと感じたのはどの回になりますか？

綱 最近だと、20話の特訓シーンです。あそこでメルトはついついトワに厳しくなってしまうじゃないですか。正しいことではあるけど、優しく言えずに厳しくなってしまう。メルトのキャラがちゃんと出せたな、と思えたところですね。

――頭を使った戦い方をしてましたね。

綱 メルトの強さは速さだけじゃない、頭なんだ！という特徴を一番出せたところなので、お気に入りの一つです。あとは、ディメボルケーノ回の11話も印象的ですね。勉強して、みんなに期待される中クイズに挑んで……というところでへたれる場面も

Masashi Takada as RYUSOULBLUE

メルトの強さが速さだけじゃないことが強く表れているので、20話の特訓はお気に入りのシーンです。(綱)

あったり、真面目なだけじゃないことがわかってきて(笑)。

――カッコいい活躍も見せつつ、メルトはイジられキャラとしての側面がどんどん出てきました(笑)。

高田 僕もいつも、「なんで俺がイジられなきゃいけないんだ!」という芝居を楽しんでます。

――特にティラミーゴとのやりとりでは、毎回名前を間違えられるくだりもあって、本当に名コンビだなと。

綱 尻尾をぶつけられるし(笑)。

高田 17話の砂浜(笑)。あの撮影のとき、テストではティラミーゴのおぐら(としひろ)さんと普通に芝居をしてたんですけど、位置的に尻尾が当たりそうだったので、無理に避けるよりむしろ当たる方向でいきますか、と。言ってしまえばその場の思いつきですけど、お気に入りのお芝居です。

綱 アフレコでその尻尾のシーンの映像を見たときは、「キャラ立ってるなぁ!」と思ってたんですけど、あとで偶然生まれたと聞いてビックリしました。

――相棒はもちろんトリケーンですが、掛け合いを繰り返す中で、ティラミーゴも綱さんにとってかなり愛着のある存在になっているのではないですか?

綱 そうですね! トリケーンがいないと戦えないので一番は譲れないですけど、ティラミーゴも大好きなんですよ。

――できればトリケーンにも言葉を教えて、ティラミーゴと同様、喋れるようにしてあげてほしいです(笑)。

綱 教えたいですね。トリケーンとアンキローゼも喋ってほしいって、いつも(尾碕)真花と話してます(笑)。最近は、セットでいつもおぐらさんと「何かネタ入れましょう!」と話しているんですが、トリケーンとも何かしらの絡みができたらいいなぁ……。

高田 トリケーンはCGだけど、ティラミーゴとの掛け合いがウケて、喋る展開来るといいよね(笑)。

――楽しみにしております! ちなみに、高田さんはどのシーンが印象に残っていますか?

高田 僕は23話のワイズルーとの立ち回りですね。それまではメルトらしい動きをこなすことに必死だったんですけど、どうカッコよく見せられるかを考えられる段階になってきました。最近だと、パキガルー回の27話もよかったかな。ずっと剣を振り回してたから、今年初の殴りのアクションが新鮮で。

――そこは普段と真逆の戦闘スタイルですよね。

高田 はい。そんなアクションに加えて、地底にいるコウを助けるシーンがあるじゃないですか。あそこで、メルトにしては珍しく熱い感情を出す芝居ができたのはやっていて楽しかったです。コウを助けるための必死さや、仲間思いな部分が伝わっていればいいなぁと。

綱 あそこ、本当にカッコよかったですね! 気合いを入れてアフレコしたらノドが嗄れました(笑)。

――綱さんも素面でのアクションに臨まれることがありますが、序盤と現在でアクションシーンの捉え方が変わった部分はありますか?

綱 子供の頃からずっと憧れていたスーパー戦隊シリーズの、一番新しい剣でアクションできるのが超楽しいです。その気持ちは最初の頃も今も変わっていません。ただ、やればやるほどアクションの難しさは痛感しますねえ……。

高田 でも、どんどんカッコよくなってき

つな・けいと:1998年12月24日生まれ。千葉県出身。2017年、第30回JUNONスーパーボーイ・コンテストでグランプリを受賞。2018年、ドラマ『文学処女』にてドラマ初出演を果たす。

着々とラストに近付いていきますが、今後はこれまで以上にカッコいいアクションを見せていきたいです！(高田)

たよね。

綱　ありがとうございます。高田さんと現場で練習をするんですが、いつも的確なアドバイスをくれるんですよ。最近だと「腰に手を当てたりすると騎士感、メルト感が出るかも」と言ってもらって、動きに取り入れてたりして。いつも本当に感謝してます(しみじみ)。

最高のコンビでメルトを更に高める！

――お話を聞けば聞くほどお二人の仲の良さが伝わってきますが、綱さんから見て高田さんの一番尊敬できる部分はどこですか？

綱　いやーめちゃくちゃありますよ。

高田　一個ずつ全部言っていっていいんだよ？

綱　(笑)。高田さん、役のことをめちゃくちゃ考えているので、そこは役者としてすごく尊敬してます。人として尊敬するのは、とにかく優しくて面白いところですね。怒らないんですよ。それは僕との会話というより、アクションチームの方々とのやりとりを見ていて感じるんですけど。

高田　わりと怒ってるよ！(笑)

綱　特にレッドのシゲさん(伊藤茂騎)とよく話してるんですけど、ノリでシゲさんが「マーシー！」って呼んだりしても、高田さんは超嬉しそうな笑顔で応えてますよね。歳でいうとシゲさんが上なんでしたっけ？

高田　そう。俺は6人の中では一番歳下だね。期で言うとブラックの竹内(康博)さんの次だから、二番目に上なんだけど。

綱　そんな先輩なのに、いつもイジり倒されていて……。

――伊藤さんはTwitterで高田さんの公式弟だと書かれていましたね(笑)。

高田　ヤツは伊藤家では末っ子だから、すぐそういうふうに言ってくるんですよ。いやー、許せん！

綱　……という感じの高田さんとシゲさんの絡みに、キャスト陣はいつもほのぼのさせられてます(笑)。

――なるほど(笑)。今後、綱さんがメルトに期待する活躍はありますか？

綱　頭を使うシーンがめちゃめちゃほしいです！　毎回、メルトは頭のいいことを言ってるんですけど、今後それを前面に押し出して、ラストでコウたちも視聴者のみなさんも「あぁ、今回はメルトのおかげだね！」って気持ちになれるような回があれば嬉しいなと。

たかだ・まさし：1989年10月25日生まれ。東京都出身。平成仮面ライダーシリーズの怪人役を経て、『獣電戦隊キョウリュウジャー』のキョウリュウブルー役でスーパー戦隊シリーズのレギュラー入り。『宇宙戦隊キュウレンジャー』『快盗戦隊ルパンレンジャーVS警察戦隊パトレンジャー』でレッドを2作連続担当。

――高田さんはいかがでしょうか？

高田　さっきも少し言いましたが、ワイズルーと戦ったときの感覚をもっと伸ばしていく！というのが今の目標なんですよね。まだいける！もっとカッコよくできる！と常に思っているので、番組も着々とラストに近付いてきましたが、今後はこれまで以上にカッコいいアクションを見せていきたいです！

綱　よろしくお願いします！

――では最後に、改めて自身のパートナーに伝えたいことがあれば、この機会にぜひ。

高田　ああ、そうだ。まだ言ってなかったことがありましたね。……綱くんは最高です♥

綱　ありがとうございます！　ウチの高田さんも最高です♥

「やった！　ねらいどおり！」

尾崎真花 as アスナ

可愛い顔して怪力無双！闘志全開「剛健の騎士」

RYUSOULPINK 03

尾崎真花 × 下園愛弓

唯一の女性メンバーにしてリュウソウジャー1の「力持ち」という個性に加え、バツグンの可愛らしさと戦士としての強さを発揮するアスナ／リュウソウピンク。二人一役で演じる女優とスーツアクトレスが、その魅力の源泉を語り合う！

撮影◎高山遊喜
取材・構成◎トヨタトモヒサ

変身前後の身長差は10cm！

――まずは初対面のタイミングと、その際の印象からお聞かせください。

尾崎 印象って一口には難しいですね。初めてお会いしたのがアクション練習だったので、最初は「先生」って感じでした(笑)。

下園 ああ〜。

尾崎 最初はブラックのスーツアクターの竹内(康博)さんとグリーンの蔦宗(正人)さんがいらして、主に竹内さんに教えていただいてたんですけど、撮影終わりだったんですかね？ 下園さんやブルーの高田(将司)さん、レッドのシゲさん(伊藤茂騎)が合流されて、そこで初めてご挨拶させていただきました。

下園 そうだったね。真花ちゃんの第一印象は「カワイイ!」の一言(笑)。だけど、プレイヤーとしてはまずプロポーションが気になる要素としてあるんですよね。演じる上では自分の分身、一心同体になりたい気持ちがあるから。そういう意味では、真花ちゃんは背も高くて手足も長くて、これは大変だなぁって(笑)。

尾崎 ちなみに私、167cmです。

下園 10cmの身長差！ でも、そこは衣裳やブーツ、あとは立ち位置や並んだときのバランスでね。

尾崎 男性陣もだいたいスーツアクターのみなさんより背が高くて。だから、私たちだけ変身前後で立ち位置を変えているわけじゃなくて。だって竹内さんとタツ兄(岸田タツヤ)なんて、どれだけ身長差があるのか！(笑)

下園 そうそう！(笑) でも、動いてるときはほとんどわからないしね。

――アクション練習ではどういったメニューをこなしたのですか？

尾崎 メインの武器が剣と決まっていたので、いろんな形の剣を持って練習しました。あとは「受け身」ですね。これはスーパー戦隊では、必ずある場面だと思うんですけど、敵の攻撃を受けて転がって立ち上がるという。

下園 福沢(博文／アクション監督)さんと一緒にその辺りを見せてもらって「あ、いけるな」と思ったんですよ。アクション練習を通して、どの程度アクションをさせられるか技量を把握する過程があるんですけど、真花ちゃんはターンもすごくキレイで、それは現場に出てから応用してるよね。

尾崎 はい。もともとアイドル活動をやってたから、ダンスチックなターンは一応できたんです。決してダンス自体が得意なわけじゃなかったけど(苦笑)。

下園 でも、基礎がちゃんとあったから、そこはとても作りやすかったですね。

リュウソウピンク＝アスナ

――一つのキャラを二人で演じるにあたり、役作りについて話し合う機会はありましたか？

下園 最初に聞いてた性格とちょっと変わっていったよね。

尾崎 クールなタイプのはずが、急に「どちらかといえばぶりっ子」に(笑)。それで、下園さんに「ぶりっ子らしいです」とご相談をさせていただいて。

下園 でも、無理にぶりっ子にするんじゃなくて、自分が思う可愛らしさでいいんじゃないかなって。可愛さをどこでアピールするかなんて人それぞれじゃないですか。真花ちゃんが真顔で「私、可愛くできないんです」って言ってきたんですけど、私からしたら内心「あなた自身が可愛いんだから何でもいいんだよ！」と(笑)。そうそう、オープニングで一人ずつ名前がクレジットされるカットがありますよね。あの撮影で監督から「可愛く」とオーダーがあって、そこで監督も交えて真花ちゃんと相談したんだよね。

尾崎 それで、力持ちからの〜……。

下園 ぶりっ子！ みたいな、アスナの定番ポーズが決まりました。でも、その可愛さアピールも、私がやるとちょっと違うんですよね。私の場合、どうしても身振り手振りが昔のアイドルよろしく昭和チックになっちゃう(笑)。それに表情もないから、変身後はあまりやってないんですよ。

――では、逆に互いの変身前後のリンクで意識されていることはありますか？

下園 指先ですね。

尾崎 指先をキレイに見せるのは、わりと最初の頃から意識しています。下園さんの手先がすごく美しくて！ それを取り入れたいと思って、変身ポーズを途中で変えたんですよ。1話のラストだけ、リュウソウチェンジャーをしてない右手は下ろしてたんですけど、オープニングや2話以降は

「ワッセイワッセイ」のところで指先を見せるために上げるようにして。

下園 そのおかげで、周囲から評判になったんだよね。

尾碕 「変身の所作がキレイ」と言っていただけるようになって。

下園 とてもありがたいですね。

尾碕 でも、もともとは下園さんから受けた影響ですから！

下園 そうやってお互い話し合ってないところで上手くリンクできたのが、私としても嬉しいです。

素面でもアクションに挑戦！

――現場で最初に一緒になったタイミングはどの場面だったのでしょうか？

下園 どこだったかな？

尾碕 確かダムがロケ先だった2話じゃないですか。ユニコーンマイナソーと戦ってタンクジョーが出てくるくだり。

下園 ああ～、あの辺りだね。

尾碕 変身前のシーンを撮り終わってスーツアクターさんの撮影を見学していた時に、レッドが間違ってクサソウルを使って、下園さんのピンクが「くっさ～！」ってリアクションしてるのも、「そういうふうにやるんだ」ってすごく刺激を受けたし、アクション自体も「なんでそんな動きができるの!?」と驚きっぱなしでした。私はアクション自体得意じゃないですし……。

下園 いやいや、そこはもう努力。みんなアクション練習から熱心だったし、真花ちゃんも「アクションをやりたいです」って積極的に言ってきてくれたので、それはやっぱり嬉しかったです。どうしても変身前はお芝居、変身後はアクションと分けがちだけど、あくまで一人のキャラを二人で演じているわけですからね。

――実際に教わったアクションは？

下園 そりゃもう、膝ターンでしょ。この長く美しい脚を生かさない手はないよね(笑)。

尾碕 もともと下園さんがよくやられていて、「私もやりたい！」と。とにかく慣れないアクションで、いろんなことを一度にできるわけないし、膝ターンだけを集中的に練習して覚えようと思ったんです。その甲斐あって、撮影でもどうにか使っていただけるようになりました。

下園 膝ターンは芯がないと回れないから、簡単そうで実は意外と難しいんですよね。それが最近は連続ターンまでやってるから、本当にすごい上達ぶりです。

尾碕 ありがとうございます！ 膝ターンしかできないんですけど(笑)。

下園 でも、蹴りもやってるよね。

尾碕 蹴りは練習してたら意外と足が上がることに気付いて(笑)。それで「教えてください！」って。確か2回くらい劇中でやらせてもらってます。

下園 あと、アクションでいえばトランポリンかな？

尾碕 やりたいです！ それこそトランポリンで前宙とか。頑張ります!!

お互いに聞いてみたいこと

――せっかくの対談なので、この機会にお互い聞いてみたいことはありますか？

下園 そうだなぁ……アスナを通じて出してみたい性格とかある？

尾碕 普通にアスナでやりたいことを言えば、高貴な家柄の部分。それについては断片も含めて本編では描かれていないじゃないですか。

下園 ないない！ ないよね～。

尾碕 今、アスナを演じている中で、高貴なキャラって少し想像し辛くて。

下園 確かにねぇ。パワー系の大食いキャラだと、高貴なイメージと結びつかないような気がする(笑)。

尾碕 ですよねぇ。

下園 でも、今はガンガン出してる「力持ち」キャラも、もともとは恥ずかしくて隠してたわけだから、その理由が高貴な家柄を絡めて描かれたりとか？

尾碕 あ、それは面白いですね！

下園 それがあると変わってくるよね。

尾碕 また役に深みが出そう。

下園 出る、出る、出る！

尾碕 逆に私が聞いてみたいのは、日頃、撮影現場以外ではアクション練習をどういうふうにやってるんですか？

下園 基本、JAEのみんながやってるのは、現場から帰ってきてみんなでミット打ちとか。ただ、私はそこにはあまり参加してなくて、近所の公園で走るくらいかな。

尾碕 じゃあ、体力維持が目的ですか？

下園 そうそう。真花ちゃんもそうだけど、今は変身前のキャストのみなさんが細いのであまり太くなりたくないなって。昔はガチムチだったけど(笑)、今はホント基礎体力を落とさない程度ですね。

忘れられない名場面！

――尾碕さんの見たピンク、下園さんが見たアスナのイチオシシーンを、それぞれお聞かせください。

下園 具体的に何話とかじゃないけど、アスナの怒った顔が好き。あのプク～っと頬を膨らませた表情を見ると「カワイイ～」って(笑)。

尾碕 あはははは(笑)。

下園 アスナといえば、真っ先にあの顔を思い浮かべるんですよね。特に私は、マスクで演じているから余計にああいう芝居に憧れがあるのかも。あとは、ラボのシーンでポテトチップスとか食べていると、オンエアのたびに「あ、また食べてる～！」って(笑)。

尾碕 ラボのシーンは小道具がいろいろあるから楽しいですね。自分から「このシーンでポップコーンを用意していただくことはできませんか？」とお願いしてお芝居してることもけっこうあります。

下園 ふ～ん、そうなんだ。

――尾碕さんから見た下園さんは？

尾碕 だいたい現場は別々だから、オンエアで初めて観ることが多いんですけど、10話でみんなの力を借りずにドルン兵を次々と倒してワイズルーに立ち向かっていく

Ayumi Shimozono as RYUSOULPINK

私ができないアクションを変身後の下園さんがアスナとして体現してくださったことがすごく嬉しいです。(尾碕)

シーンは、めちゃくちゃ感動しました。ありがとうございました!!

下園 いえいえ。

尾碕 私ができないアクションをアスナとして最大限出してくれてるというか、体現してくださったことがすごく嬉しくて。私が演じたアスナと下園さんのピンクが見事にマッチしたエピソードだったと思います。それと22話で「みんなを守る!」ってタンクジョーに一撃を浴びせるところもカッコよかったです!

下園 必死にやってただけだけどね。

尾碕 あの回は、立ち回りの一瞬で壁を蹴って体勢を変えたり、海老反りしてタンクジョーの攻撃を避けたりもしていて、魅力的なアクションの数々には本当に感謝の言葉しか出ません!

下園 私としては、真花ちゃんが芝居で演じた気持ちをいかにしてアクションに乗せられるかが勝負なんですよね。特にあの回はアスナのメイン回だったでしょ。でも、撮影現場では常に一緒にいるわけじゃないから、彼女が作った熱い芝居を想像しつつこっちは体で表現しなくちゃいけない。そこはすごくプレッシャーだし、感情をどうアクションに繋げられるかはまだまだ苦戦している感じですね。

尾碕 あと、台本になかったところでいえば12話だったかな？ 叡智キャラのメルトが作戦を出すけど、上手くいったのはバンバの策だったんですよ。それで戦いのあと、ブルーが落ち込んでいたらピンクが近寄って「ドンマイ、ドンマイ」って肩を叩いてブルーが立ち上がる一連があって。あれを見て、とてもありがたいというか、あんなふうに芝居を広げてもらえるんだって嬉しくなりました。

下園 あれは、その前の巨大戦でキシリュウオーディメボルケーノが幻影のメルトを切る場面があって、ブルーが落ち込むという高田さんのボケ芝居があったんですよね。それで、変身後も3人の幼なじみ関係は大事にしたいなと思っていて、「慰めるのも違うしなぁ?」と考えた末に、ちょっと雑だけどあんなふうに(笑)。

尾碕 そこなんですよ。あそこで「メルト、大丈夫だから」とやってたら違うと思うんですけど、あの雑なニュアンスがまさにアスナって感じで!

下園 幼なじみ感は、私たちも演じていてすごく楽しいところですね。

尾碕 台本にはないから、アレフコで初めて知るわけですけど、想像もつかないような表現に繋がってて驚かされました。

下園 基本、高田さんをイジる感じで、お笑いまではいかない微妙なラインを探りつつ、けっこう3人で話し合ってますね。

――様々なリュウソウルを使ってのアクションも特徴ですが、いかがですか?

下園 ピンクの基本武器はオモソウルで、膝ターンを活かしたかったのもあるし、とにかくブンブン回してます。最初はまだアスナとのリンクも考えてなかったし、私だけのイメージで作ってたけど、オープニングで地面を叩き割ってドルン兵を吹き飛ばすカットは、アクション監督の福沢(博文)さんの演出のおかげもあって、自分で観ても「カッケー!」って(笑)。オモソウルは他のみんなも使うけど、やっぱりピンクが一番カッコいいと思います(笑)。

尾碕 私もそう思います!

下園 正直でよろしい(一同笑)。

尾碕 逆にムキムキソウルはアスナしか使ってないんですよね。

下園 あれもパワー系でキャラとリンクしてるから、私もちょっと好き(笑)。

おさき・いちか：2000年12月2日生まれ。高知県出身。2012年、「第13回全日本国民的美少女コンテスト」で審査員特別賞を受賞。アイドルグループ「X21」のメンバーとして2018年まで活動し、女優の道へ進む。主な出演作に、ドラマ『オトナの土ドラ　さくらの親子丼2』、映画『ちはやふる -結び-』など。

私としては、真花ちゃんが芝居で演じた気持ちをいかにしてアクションに乗せられるかが勝負なんですよね。(下園)

尾碕 でも、竜装はアクションが大変じゃないですか？

下園 そうだね、装備してると当然立ち回りは変わってくるから。しかも装備が右側で、同じ右手でリュウソウケンを持たなくちゃいけないし。それはもう体当たりでやるしかないなって。

尾碕 28話のロボ戦のコクピットで、ドッシンソウルを装備したピンクが、「宇宙へ消えろー！」ってやるのもお気に入りの場面です。

下園 強竜装で唯一装備したのがドッシンソウルですね。それもパワー系だから「来たな！」と思いました。

尾碕 そうそう、劇場版で初めてコクピットでの撮影を経験したんですよ。普段は変身後だから私たちが撮影する機会はないけど、あのときはコクピットで変身解除する流れだったから。

下園 しんどかった？

尾碕 はい(笑)。でも、下園さんはいつもここで戦っているんだと思うと、ちょっと感慨深かったです。

ピンクとして、アスナとして

――今後へ向けての目標を、それぞれお聞かせください。

下園 まずトランポリンでしょ？ あとはなんだろうね？

尾碕 「大食い」とか「力持ち」でわりと個性を出せた気がしますけど、それ以外にもまだまだ掘り下げられるアスナの魅力があるはずなので、そこを見つけていきたいですね。その上で「リュウソウジャーはやっぱりアスナがいないとね」とか「もっとアスナの出番が観たい」と思ってもらえるような存在になれたら嬉しいです。特に今回、女子は一人ですから、そこは下園さんと一緒に頑張りたいと思います。

下園 まさに思ってることが一緒！ せっかく女子はウチらだけなんだからね。そこは二人で協力して前面に出していきたいよね。

尾碕 はい！

――最後の質問ですが、それぞれに共演者としての魅力を読者に向けて、アピールしていただけますでしょうか？

しもぞの・あゆみ：1984年1月6日生まれ。鹿児島県出身。JAEのアクションユニットWipe Outでの活動を経て、『獣電戦隊キョウリュウジャー』のキョウリュウバイオレット役で準レギュラーのキャラクターを初担当。『動物戦隊ジュウオウジャー』のジュウオウタイガーよりレギュラー女性戦士役を担当し、現在に至る。

尾碕 私から見た下園さんといえば、いい意味での「ノリのよさ」とでも言えばいいですかね？ 現場でみんなが「下園さんが言うならOKだよ」ってなる、その存在感の大きさだと思います！

下園 年齢差もあるから、真花ちゃんから見たら貫禄はあるかも～(笑)。

尾碕 同じ役をやっている者同士、つい贔屓目で見ちゃってるかもしれないけど、下園さんの引っ張っていく力、アネゴ感ってホントすごいんですよ。

下園 私としては、彼女のこのスタイルのよさにぜひとも注目して欲しいですね。どうやったらこんな抜群のプロポーションになれるかっていうくらいで、私がこれまでに一緒にやってきたキャストでは間違いなくナンバー1です。最初にも話しましたけど、初対面で「何、この手脚の長さ！」って驚いちゃったくらいで(笑)。真面目な話をすると、スタイルのよさって持ちたくても持てるものじゃないから、そこは間違いなく真花ちゃんの武器だと思うんです。現場で一緒にいてもオンエアで、ついつい釘付けになっちゃう。あと、悟らせないけど人一倍努力家なところもすごい好き。もう、真花ちゃん推し推しですね！(一同笑)

「だって、弱すぎでしょ？」

小原唯和 as トワ

一陣の風がごとく戦場を駆け抜ける「疾風の騎士」

R Y U S O U L G R E E N 04

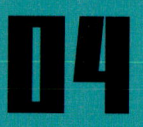

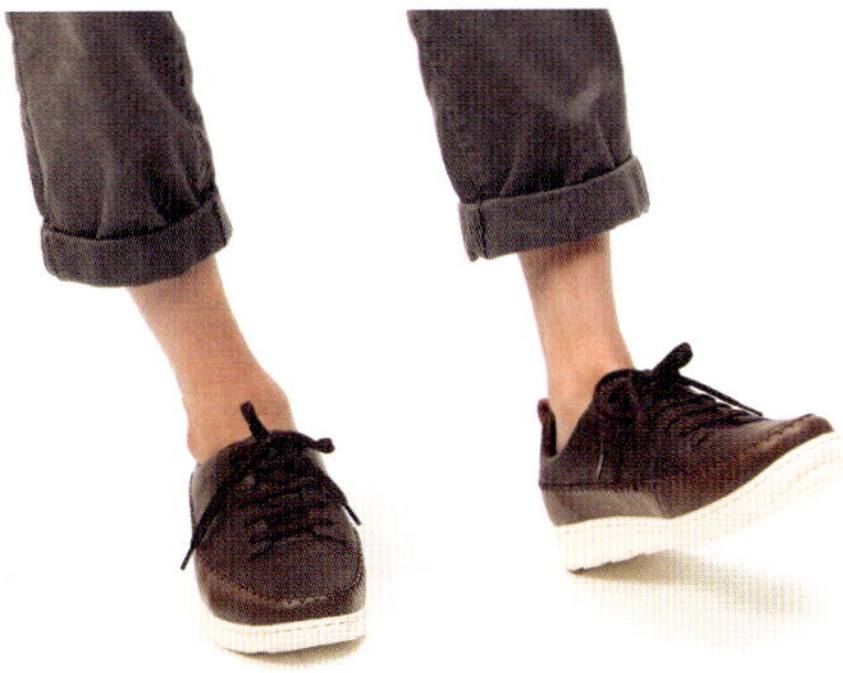

小原唯和 × 蔦宗正人

颯爽と素速い動きで敵を翻弄するリュウソウジャーきってのスピードスター――戦士として明確な特徴を持ち、一方で登場から現在まで内面的な変化の大きいキャラクターをともに演じてきた二人が語る、トワ／リュウソウグリーンの真実！

撮影◎高山遊喜
取材・構成◎大黒秀一

やんちゃでトリッキーなトワ

――『騎士竜戦隊リュウソウジャー』が始まる前に放送された『4週連続スペシャル スーパー戦隊最強バトル!!』にリュウソウグリーンが登場しましたが、お二人が会われたのはどの段階なんですか？

小原 『リュウソウジャー』の撮影より前にアクション練習が2回ほどあって、そのときが初めてでしたね。

――第一印象はいかがでしたか？

小原 みなさんそうなんですけど、（スーツアクターは）体がすごくて（笑）。まずそれが驚きでしたけど、ツタ（蔦宗正人）さんがグリーンでよかったなと思ったのは、僕と身長が同じぐらいなんです。それならスーツになっても違和感ないかなって。

――確かにそれは安心材料ですね。腕っぷしは違うにせよ。

小原 あはは、そこは全然違いますね！

蔦宗 この仕事をやってる上での永遠のテーマかもしれないですね。どれだけ体格差を感じさせることなく見せられるのかっていう。

――でも、少なくともリュウソウグリーンのお芝居では、違和感は感じたことがないですけど。

小原 そこは、ツタさんが上手くやってくれてますから。

蔦宗 いやいや、唯和が声で上手いことやってくれてるから。

小原 なに？ この褒め合い（一同笑）。

――実際、蔦宗さんが小原さんの特徴に寄せたりはしてるんですか？

蔦宗 もちろん多少はあるんですけど、変身するとヒーロー然とする感じがあってもいいかなと僕は思っているので、完コピは目指してないです。今後、どっかで〝唯和感〟は出してやろうかと狙ってるんですけど。

――もし似せるとすれば、どのあたりがポイントだと？

蔦宗 手の感じですかね。ちょっと脇とかもきちっと締めてはなかったり。

小原 僕の中では、トワのやんちゃっぽい雰囲気を出そうとして、あえて少しダラっとしてるんです。

蔦宗 それをグリーンのときにもやっても面白いかなって。

――なるほど。ちなみに、蔦宗さんは小原さんを最初どう思われていたんでしょう？

蔦宗 5人の中で一番若いとは聞いていたんですけど、それにしても16歳（※現在は17歳）……へっ!? みたいな（笑）。今はもう、本当に唯和でよかった〜！って思ってますけど、最初は年齢差が心配でした。

――お話しを聞いていて今は息ぴったりな雰囲気が伝わってきますけど、そうなるきっかけは何かあったんですか？

蔦宗 お互い、最初は探り探りみたいなところはありましたけど、そのうちサッカーが好きなこととか話してくれたりして、だんだんほぐれてきたのかな。

小原 あと、動きのほうで僕からも「こういうことやってみたい」と希望を伝えたり、やり取りをしてるうちに距離が縮まってきた感じはありましたね。やっぱり「二人で一つの役を作る」ので、少しでも近付きたくて。

――アクション練習はいかがでしたか？

小原 体を動かすのは得意でしたし、トランポリンとかできたらカッコいいじゃないですか。それで居残りみたいに「もうちょっとやろう」って練習させてもらってたんですけど、そのうち体が悲鳴を上げ始めるという。

蔦宗 当然ですけど、みんな慣れてはいないのでハードそうでしたね。グイグイやる気はあるんだけど、途中で「あれ？ 唯和は？」って見たら、完全に体ほぐしモードに入ってて（一同笑）。

小原 太ももがバッキバキでしたからね。いつもと使う筋肉が全然違ってて、気がついたら撮影所の階段も上れないぐらいになってました（笑）。

――トワは本編で特に素面のアクションが多い印象もありますね。4話のコウとの対決だとか、あと20話の特訓などが特に記憶に残っています。

小原 幸い最初からやらせていただく機会が多かったですね。カメラを意識した動きが必要だったり、スポーツとは全然違うことも多くて苦労もしていますが。

蔦宗 でも、ガッツがすごいんですよ。たまに「サポーター要らないです」って言ってるときもあったりしますから。

小原 あれ、どっちかと言えば衣裳の都合でトワはサポーターが入れにくいんです。他の人は肘にゆとりのある衣裳が多いんですけど、トワは全体的にフィットしていて。

なので、どうしても必要なとき以外は着けないようにしてます。

蔦宗　唯和はそんな感じで、基本、真面目なんです(笑)。

――蔦宗さんとしては、どういったことを特に意識されているんでしょうか？

蔦宗　なにせ「疾風の騎士」ですから、スピード感や軽やかさが基本ですね。あと、トリッキーなことが一番やれるキャラなので、あんまり「騎士」というのには縛られていません。そこで騎士らしさを強調して正統派の剣さばきをしてしまうと「どっちなの？」ってなっちゃいますから。だから、あまり他で見たことないような動きをアクション監督の福沢(博文)さんに求められることもあるし、僕もなるべくやろうとしています。そのせいで、唯和も普通のアクションよりは難しい動きを要求されることも多いんじゃないですかね。

小原　内心「うわ、それやるんだ」って思ってるときもあります(笑)。

――トワがスピードを活かした戦い方なのは最初から決まっていたんですか？

蔦宗　はい。なのでアクション練習もそれを基本にやってました。

――それ以外の、たとえば性格などもおおよそは決まっていたんですか？

小原　アクション練習のときは確定してなかったです。『最強バトル』のときはどうされてたんですか？

蔦宗　あまり極端にやりすぎてもあとが怖いですから、ちょっとクセをつけるぐらいだったんだけど、福沢さんからはわりと早い段階で「軽快な感じのステップがいいな」と言われてました。そのイメージとしてモハメド・アリやブルース・リーを挙げられていて。で、僕は直撃世代ではないので動画で研究したんですけど、ちょっとトリッキーなステップで相手を挑発するような動きを見て「そうか、これか！」って思ったんです。

小原　あ〜、なるほど！

蔦宗　それだけじゃなくてラダートレーニング(※地面に置いたハシゴを使うステップ運動)のスピード記録みたいな動画も見て僕なりにプラスしたり、あとはリュウソウブラックがマスター級の強さだという話だったので、そこの対比で決まっていったところもありますけど、とにかく最初の撮影でアクションをキメなくてはいけなかったので、そっちに必死で。だから、最初は性格付けまではやってなかったかもしれないです。

――でも、「挑発」というところにトワの性格が集約されている気もします。

小原　ちょうど『最強バトル』のアフレコと、本編登場の3・4話の台本をいただいたのが同じ頃だったんですけど、その段階ではまだトワが「やんちゃで弟キャラ」ってぐらいしか聞かされてなくて、どんな感じで声を入れていいのか不安で仕方なかったんです。でも、ツタさんの動きを見たらすぐにイメージが掴めて。トワがどういうヤツなのかが動きだけでわかるカットがあって、こんな感じでトワを作ってくださってるのか〜ってすごく伝わってきましたし、自分がトワをどう演じるかの大きなヒントもいただきました。おかげで3・4話の撮影もすごく入りやすかったです。

――ちなみに、トワの年齢設定みたいなのはあるんですか？

小原　リュウソウ族としての年齢は聞いてないんですけど、最初に「人間の18歳ぐらい」とお聞きして、コウの少し年下のつもりでやっています。

蔦宗　コウのほうが年上なの？

小原　コウは「人間の20歳ぐらい」という話だったので。リュウソウ族の年齢は、その10倍ぐらいじゃないですかね？

――一ノ瀬(颯)さんは「コウの精神年齢は小学生」だと。

小原　コウが小学生なら、トワは何歳なんだって(笑)。でも、精神年齢ならトワのほうが上かもしれないですね。

――あと、名乗りについても完成の経緯をお聞きしたいのですが。

小原　なんだかグリーンだけすごく複雑な気がするんですけど？

蔦宗　僕としては初めてのヒーロー(レギュラーメンバー)というのもあってシンプルにいこうとしてたんですけど、そこからまず福沢さんに「一人は(剣が)逆手でもいいよ」と言われまして。同じ恐竜がモチーフのスーパー戦隊で、しかも同じ色のキョウリュウグリーンも逆手なので、最初はどうかなって思ったんですけど、あっちは同期の浅井(宏輔)がやってるし、あえて同じなのも面白いかなって(笑)。僕は僕で自分らしさは出せると思っていましたし、そこはすぐに吹っ切れてやれたんですけど、パイロット(第1・2話)からグリーンの初名乗りまでわりと時間があったので、細かいところで調整が続いたんです。5人並びの見映えのために、体をひねってみたり、剣がより格好よく見えるように工夫してみたり。そういうのが重なって複雑になっていったんですけど、さらに「正義に仕える5本の剣！」のところで全員がリュウソウケンを合わせるのですが、グリーンだけ逆手から順手にするステップがあるんですよ。明らかにひとりだけやることが多くて(笑)、これを製作発表の場でやるのは苦労しました。もちろんポーズは間違えられないし、剣も絶対に落とせないし。まぁ、そこはGロッソでのショーで心得はあったので練習でどうにかなったんですけど、なにせ初変身なのでやりたいことを詰め込みに詰め込んでいて。それでも「よし、行けるぞ！」って本番に臨んだのに、最後の最後でよろめいてしまって、あれは悔しかったなぁ。

小原　僕もその場で「耐えろ〜！」って念じてましたね。

蔦宗　テレビ用の名乗りの撮影のときは、さらに側宙からの着地もあって。脚をひらいて着地する一連の流れでだいぶNGを出して、紆余曲折の末のOKカットがあれというわけです。

小原　普段、僕のやるパートまでは全然楽なんですけど、ツタさんがやってることは想像を絶する難しさですよ。テレ朝夏祭りのステージや舞台挨拶で「変身ポーズをお願いします！」って言われたときは、めちゃくちゃ焦りました。完全再現は絶対に

Masato Tsutamune as RYUSOULGREEN

序盤のトワは変化の多いキャラでしたけど、ツタさんの動きや芝居にすごく助けられました。（小原）

無理（笑）。

二人で一つのキャラを育てる醍醐味

——初登場あたりのことをもう少しお聞きしますが、いきなりインパクトがありましたね。

蔦宗　改めて見直してみたら、ビックリするぐらいキツいヤツでした（一同笑）。

小原　〝やんちゃ〟どころの話じゃないですね（笑）。

——3話でコウたちと初対面のとき、木にもたれるポーズが印象的だったんですが、あれは蔦宗さんの案ですか？

蔦宗　そうです。どういうところで撮るのかは事前にわからないことも多いので、そのときも現場で決めたんですけど、あの木に寄りかかろうとしたら、ちょっと枝があってあまり近付けなかったんですね。それでヒジを曲げてリーチを作って、さらに指でリーチを稼ぐ……みたいなことをやったからあのポーズになってるんです。その結果、すごい挑発的な感じになっちゃって（笑）。

小原　でも、あのポーズ僕は好きです！　すごくトワらしくて。

——あれでかなりトワの第一印象が決まった感もありましたからね。

小原　それで変身解除して、最初のセリフが「あんたたち、ホントにリュウソウジャー？　だって弱すぎでしょ」ですからね。SNSとかでの反応もすごかったですけど、台本をいただいて読んだとき、僕も「えーっ！」って思いましたから。「第一声がそれ？」って（笑）。でも、おかげでトワのキャラは印象付けられたと思います。そのあとは仲間のために戦うのを大切にするようになっていくので、ある意味3・4話ぐらいがトワらしさが一番出てるかも？

——比較的すぐにコウたちと歩み寄りましたからね。兄弟揃ってマイナソーを生み出したういを斬ろうとしたキャラのままだったらどうしようかと……。

蔦宗　あのときはヤベぇヤツが来たなって思いましたよ（一同笑）。本当はトワは優しいんだけどね！

小原　犬好きですからね（笑）。でも、スーパー戦隊のヒーローがあそこまで言うことってなかなかない気もするので、だからこそ振り切ってやってやろうとしました。自分としてもあまり演じたことがなかったタイプのキャラクターだったので、そこは思い切って。

——以前、出演されていた『OVER DRIVE』の真面目な兄とか、わりとこれまでの役とは違う感じですよね。

小原　他の作品でもああいった感じの真面目な役が多かったですね。僕自身も、素の自分はトワよりもこれまでやってきた役のほうが近いかなって思います。真面目ですから（笑）。

——ただ、「強くなりたい」という部分ではトワもストイックなキャラですよね。9話の宝箱の話ではそれがよく出ていましたが。

小原　確かに、強さを求める気持ちはまっすぐですね。

蔦宗　あんな強くなりたいんだ！　って思ったけど（笑）。それでどうやろうかなって考えて、なんか「ウォーー！」って感じになっちゃいましたね。

小原　いやいや、めちゃくちゃ面白くてよかったですよ！　トワって序盤は話ごとに違う一面が出てくる変化の多いキャラでしたけど、それをツタさんが動きでもセリフでもわかりやすくやってくれているので、

おばら・ゆいと：2002年4月2日生まれ。島根県出身。2015年、第28回ジュノン・スーパーボーイ・コンテストのファイナリストになったのをきっかけに芸能界入り。2017年、ドラマ『あなたのことはそれほど』で俳優デビューを果たす。主な出演作に、映画『OVER DRIVE』、ドラマ『相棒16 元日スペシャル』『シグナル 長期未解決事件捜査班』『愛してたって、秘密はある』など。

ボクサーがトリッキーなステップで相手を挑発する動きを見て、「そうか、これか！」と思ったんです。(蔦宗)

すごく助けられてます。

何よりも大切な兄弟の絆

――あと、トワにとっては「兄弟」という要素が大事かと思いますが。

小原　もちろん、そこはすごく意識するようにしてます。

蔦宗　これまではっきりと言ったことはなかったかもしれないけど、"兄弟感"みたいなのは上手くシンクロできてるかなと思ってます。僕もちょっとした仕草で兄弟の関係性が見えるようにはしてるんですけど……何かと兄さんに目配せが行きがちな感じとか。

小原　わかります、わかります(笑)。

蔦宗　そこで蔦宗が出すぎちゃうと相手に触れたくなってしまうんですけど、馴れ馴れしくなってしまうのはちょっと違うじゃないですか。それにバンバはどっしり構えてるキャラなので、あまり触れると余計な動きを増やしちゃうかな～とか、いろいろ考えて「ここは目配せだけにしとくか」とかね(笑)。そのあたりの距離感については、竹内(康博)さんともよく話をしてます。連携技もできる限り見せたいですし。

――兄弟の絆は、上堀内(佳寿也)監督が撮られた19・20話で特にしっかり描かれていた気がします。

小原　あの回は現場で上堀内監督が「兄弟を繋ぐ何かが欲しい」と仰って、それが額を指でツンってやる仕草になったんです。最初に僕が少年にやったときは説明されなかったんですけど、あとでバンバとの回想シーンでタツ兄(岸田タツヤ)にもそれをやるように言われていたので、あぁそういうことかと思いました。そんなことを追加してくるのはさすがだなぁ……って(しみじみ)。

――特に20話は、トワの心理描写も見どころでしたよね。

蔦宗　よかったですよねぇ～～！　あそこは本当に唯和、頑張った！

小原　あそこからガイソーグやナダとの関係や、さらにマスターの身に起こった真実とか、お芝居を頑張らなきゃって話が続きましたからね。

蔦宗　ナダを説得しようとするくだりは、僕も泣きそうになってました。

小原　32・33話なんて本当に号泣でしたからね。あと、初めて強竜装になったのも忘れられないですし、ナダ編のあたりは僕らにとっても特に充実してました。

――では最後に、最終回までにお二人でやってみたいことは？

蔦宗　残りはシリアス一直線かもしれないですけど、楽しい話ももう少しやりたいですね。そっちになると蔦宗が出過ぎちゃうんですけど。エンディングも、もっと弾けそうになってたのを「トワ！トワ！蔦宗じゃない！」って抑えながら踊ってます(一同笑)。

小原　トワはシリアスな話が多いので、僕も楽しいことはもっとやりたいです。あとはやっぱりアクションかな？　少し前の坂本(浩一)監督回(第29～31話)は全体的に素面のアクションが多かったんですけど、トワはやられるだけだったんですよ。それが残念で！

蔦宗　最近、タッちゃん(岸田タツヤ)は特にブイブイいわせてるからね！　唯和もトラ(トランポリン)やっときますか！(笑)

つたむね・まさと：1987年6月26日生まれ。神奈川県出身。JAE37期生。2007年頃より平成仮面ライダー、スーパー戦隊やGロッソのステージなどでキャリアを重ね、2017年の『宇宙戦隊キュウレンジャー』ではスコルピオの怪人態を熱演。さらに本作で、自身初のレギュラーとなるリュウソウグリーン役に抜擢される。

「…その絆、大事にしろよ」

岸田タツヤ as バンバ

力こそ正義！寡黙に己の信念を貫く「威風の騎士」

RYUSOULBLACK 05

CAST × SUIT ACTOR
CROSS TALK_ 05

岸田タツヤ × 竹内康博

ともにメンバーで最年長のキャスト&スーツアクターが演じるバンバ／リュウソウブラック。リュウソウジャー〝最強〟にふさわしい戦いを変身前後で繰り広げる二人が、まるで師弟のごとく語り合う大人のアクション談義！

撮影◎高山遊喜
取材・構成◎トヨタトモヒサ

空き時間がみんなの学び舎

――まず、お互いの第一印象は？

竹内　デカいなぁって(笑)。何センチあるの？

岸田　182cmです

竹内　じゃあ12cmくらいの差か。

――やはりそこが気になりますか。

竹内　ええ。ストップ変身(カメラを固定し、キャストと変身後のアクターがポーズそのままで入れ替わる変身シーンのこと)とかも多いんで、そうなると確実に違ってきますから。寄りで足が(フレームに)入ってないときはバレないけどね。あと、役柄的にトワと一緒にいる場面が多いじゃない。こっちはグリーンのツタ(蔦宗正人)とほぼ同じくらいの身長なので、そこはちょっと大変かなって。

――そんな苦労があったんですか…(笑)。

岸田　僕が見た竹内さんの第一印象は、貫禄があるなぁって。

竹内　きっと偉そうにしてたんだな(笑)。

岸田　誰とも面識がなかったから、アクション監督かと思いました。福沢(博文)さんとは年齢的にどうなんですか？

竹内　俺が一つ上かな。

岸田　なおさらわからないですね(笑)。だって、服を着ていてもこの胸板の厚さですよ！　事前の情報もなくアクション練習の場で初めてお目にかかったので、「この人が僕の変身後!?」って驚きました(笑)。

竹内　タツ(岸田)は最初からいろいろできたから、こっちも驚いたよ。ちょっと動きを見て「これはいけるな」と思った。それで、トランポリンがあったから試しにやらせてみたら、これがまた上手でね。

岸田　たまたまできただけです(苦笑)。

竹内　バンバのキャラ的には飛んだり跳ねたりするわけじゃないけど、せっかくのチャンスなんだから、できることはすべてやらないとね。

岸田　現場で竹内さんに「できることは画に残しておけ」とよく言われるんですけど、とてもありがたいですね。ヒーローは小さい頃からの憧れだったので、それを自分の体で表現できるのは、練習の時点から興奮するものがありました。

竹内　実際には現場でやってるほうが多いかもしれないね。

岸田　そうです。リュウソウケンでの立ち回りも、現場で撮影の合間にJAEのみなさんが練習されていて、「教えてください」とお願いして。そのおかげですぐにできるようになったというか。

竹内　実際、すぐにできるようになった。なかなか大したものだよ。

岸田　もちろん僕だけじゃなくて、みんなも練習し始めて。空き時間が本当に学び舎みたいな感じですね。

変身前後で良い関係を構築

――ブラックとグリーンは、本編の前に先行して『4週連続スペシャル スーパー戦隊最強バトル!!』に出演シーンがありましたよね。

竹内　そうそう。『最強バトル!!』の時点で兄弟とは聞いていたけど、あまり把握できずに演じてたな。まだ、タツのことも知らなかったからヘタなマネもできないし、探り探りのところがありました。

岸田　僕はそのアフレコが最初だったんですよ。でもトワとの距離感もわからないし、そもそもアフレコ自体やったことがなくて(苦笑)。

竹内　アクションのコンセプトも固まってなくて、最終回(第4話)でやったガイソーグとの立ち回りも、恐竜モチーフだから「恐竜っぽくやるの？」とフクちゃん(福沢博文アクション監督)に聞いたりして。そこは結局、「騎士推し」になったかな。

岸田　当時は竹内さんの芝居を見ている余裕もなくて、「え、今ここに声を入れたらいいんですか？」みたいな(笑)。振り返ると、本当に冷や汗ものですが、それもまたいい経験でした。

――その後、本編の撮影が始まって、お互い同じ役柄を演じる上で擦り合わせなどはされたのでしょうか？

竹内　まったくないですね。芝居部分は完全にタツに任せてますから。僕が気にしてるのは間尺だけ。芝居部分はノーマルの24コマで撮ってるけど立ち回りが絡む場合は22コマで、同じ調子でやるとアフレコを早口で入れないといけなくなっちゃうから。本当にそれだけ。アクションだと「これできる？」ってやらせてみたりキャッチボールしていくことはあるけど。

岸田　撮影の合間で竹内さんがいろいろ仕切ってくださって、めちゃめちゃいい関係です。
竹内　宙返りもやらせてみたらできたから「やっとこう！」といった具合にね。「ちょっとバク宙できる？」「たぶんできます」「じゃあ、これ（リュウソウケン）持ってやれるか？」「できると思います」「やるぞ！」って。すぐだよね（笑）。
岸田　だいたい1〜2回の練習で。
竹内　こっちも見たらだいたいわかるから。「あ、できるな。大丈夫だ」って。

――さも当たり前のように話をされていますが、そのジャッジは重要ですよね。

竹内　ええ。やっぱり本人が不安そうな顔をしてると「危ないからやめておこう」ってなるけど、タツの場合、「たぶんいけますよ」って顔をしてるから。

――撮影できるスキルを持ってると？

竹内　持ってる、持ってる。すごいです。ビックリですよ。
岸田　その竹内さんの発言力で、「竹内さんが言うなら」と周囲を巻き込んでいくところがあって。それで僕もやらせてもらえているので、感謝の一言です。

――逆に竹内さんが岸田さん演じるバンバを意識されてる部分はありますか？

竹内　まぁ、無駄な動きをしないって感じかな。あくまでバンバがお手本で、立ち姿は最初、足を閉じて立つつもりだったけど、意外とドシッと立ってるからそこは合わせていますね。
岸田　そうでしたか。以前、僕のアクションを見て「タツ、その〝間（ま）〟でやるんだ」と言われたことがあったんですけど、次にブラックのアクションを見たら、まさに竹内さんが同じ間でやられていて。
竹内　あ、そうだった？（笑）
岸田　普通だったら若手の動きなんてジレッたいだろうし、「俺の真似をしろ」という立場の方じゃないですか。
竹内　思い出した、7・8話の坂本（浩一）組でしょ。普通は尺の問題があるから「間を詰めてくれ」と言われることが多いんだけど、タツのパフォーマンスがすごくよくて。俺もあんなふうにグワーっと溜めて持っていきたかったんですよ。
岸田　竹内さんの様なすごい方でも若手の動きから取り入れてくださるなんて、嬉しいですね。
竹内　プロデューサーからは「ブラックはマスター並みに強い」と言われていたし、そこでやっぱり間を作れるとキャラも引き立つんだよね。

――ブラックとグリーンの変身後の「兄弟感」は、蔦宗さんとの間でどの程度意識されているのでしょうか？

竹内　まぁ、キャストのように上手く表現できればいいと思うけど、ツタのほうがいろいろやってくれる感じかな。
岸田　蔦宗さん、めちゃめちゃ（小原）唯和を参考にしてますよね。
竹内　それで助かってるな。
岸田　唯和とアフレコで見て、「ああ、こんな感じで絡めばいいんだね」って話してるんですよ。むしろ、普段の僕らでやるより兄弟感が出てるんじゃないかって思うくらいです（笑）。立ち回りでは、弟が斬り込んだ間に兄が入ってきたり、まさに兄弟ならではのコンビネーションが出来上がっているんですよね。
竹内　レギュラーでは一番コンビネーションを出せる関係だからね。ツタにも「ちょっと組技があったらやろうぜ」って、よく言ったりはしています。
岸田　僕達二人じゃ表現しきれない絆的なところは、言ってしまえば変身後にお任せみたいなところもあるんですよね。
竹内　弟がやられそうになったら兄が助けたりとか、芝居じゃなくてアクションの兄弟感は確かに意識してる。それと、最初は二人だけの場面が多くてコウたちとは距離があったけど、今はだいぶ関係性も変わってきたでしょ。その辺りも出せればとは思いますね。

ミスター（スーパー）戦隊

――竹内さんのアクションについて、岸田さんはどこが特にすごいと思われていますか？

岸田　それはもう全部と言いたいです（笑）。最近もアフレコで、竹内さんの動きがすご過ぎてタイミングがわからないことがありまして。僕、92年生まれなんですけど、その頃から現場で活躍されてたんですよね？
竹内　92年というと……『（恐竜戦隊）ジュウレンジャー』辺りをやってたね。
岸田　もう『ミスタースーパー戦隊』ですよ！特にすごいのが飛び降り。どこからでも飛び降りますからね。
竹内　いや、最初はブラックがどっしり構えていて、グリーンのほうが飛んだりするのかと思ってたんですよ。だけど、気付いたらフクちゃんから「ちょっと飛んでおきます？」って言われるようになって（笑）。俺としては、ただ落ちるだけだから全然大丈夫だけどね。
岸田　いやいや、その「落ちるだけ」のレベルがとんでもない高さですから！

――今回も19話や22話で見事な飛び降りを披露されていますね。

岸田　すごいっすよね！
竹内　あぁ〜、その辺はそんな高くないですよ。あんなのは朝飯前（笑）。
岸田　いや、高いですから!!
竹内　あのくらいならまだ大丈夫。
岸田　まだですか（笑）。
竹内　落下するのはほら、飛べば落ちるだけだから。
岸田　いやいやいやいや！（一同笑）

――そんな竹内さんから教わったアクションで、岸田さん的に大きかったものを挙げるとしたら？

岸田　剣を回す動作かな。あれは最初、興味本位で教えてもらっていたのが、坂本組（第7・8話）で「チャンスがあるから」とやらせていただきました。
竹内　あの返し方ね。クルクルッと回すのはなかなか難しいんですよ。でも、現場でずっとリュウソウケンを持って練習してたからね。そうすると「よし、できたね。今度はこれもやってみようか」って。
岸田　それでネタを増やしていって、また

Yasuhiro Takeuchi as RYUSOULBLACK

ヒーローは小さい頃からの憧れだったので、それを自分の体で表現できるのは興奮するものがありました。(岸田)

別のチャンスがあれば「じゃあ、これとこれ」と。僕自身もいつも「やらせてください」状態だし、練習するのが好きですからね。竹内さんも空いてる時間があれば常に何かしらやってますよね。

竹内 やっぱり反復して練習しないとね。

岸田 ただ、いくら技だけを練習していても、いざカメラ前で立ち回りが入ったら全然集中できなかったという苦い経験もあって……。その怖さを味わったこともまた刺激になりました。

竹内 そうね。現場ではあまり時間をかけられないからね。

岸田 他には側宙もやりましたね。

竹内 前宙、バク宙、側宙はやってもらった。あとは蹴り技か(笑)。

岸田 蹴りは難しいです。柔軟性に加えて、足を持ち上げる筋力も必要なんですよね。

竹内 まぁ、まずはできることをやれば大丈夫。その内、いろいろできるようになるから。で、そうなると現場的にも「動けるねえ、岸田くん!」ってなるじゃない(笑)。

岸田 あと、僕がジャッキー・チェンを好きで、その要素を取り入れてもらったりしました。

竹内 俺も好きだから(笑)。

岸田 坂本組はだいたいレギュラーの立ち回りがあるから、29・30話も「じゃあ、変身前にちょっとやりましょう」ってことになって。

竹内 ドルン兵に関しても「今回は、槍は持たなくていいんじゃない?」って完全に肉弾戦で。

岸田 珍しいですよね。しかも2話それぞれでやらせてもらいましたからね。

竹内 さらに監督もジャッキーが好きだから「ジャッキーならこうやって、こうやるから!」って、また手(殺陣の形)が増えてんの!(一同笑)

岸田 自分が「やりたい」と言ったのをいろいろ膨らませた上でやらせてもらえたんだから、サイコーでした!

竹内 拳を使うのは最近意識してるんですよ。メインの武器はリュウソウケンだから最初にパパパと相手に斬りかかって、そのあとで逆手持ちして、バチバチ殴ったりして。確か柏木(宏紀)組かな。

岸田 ええ。26話ですよね。ババババババ!ってあまりに竹内さんの動きが速くて、アフレコのときにマジで「どこに声を入れたらいいんだろう?」って戸惑いました(苦笑)。いや、あれはすごかったです。

竹内 リュウソウケンやリュウソウルの間にそういうのをちょっとずつ入れると、アクションの見え方もまた変わるでしょ。

岸田 リュウソウルの使い分けもいろいろ工夫されてますよね。

竹内 カタソウルなんかは手甲が大きいから、いかに剣が引っかからないようにするか、そこは工夫してます。それと、オモソウルは実際に鎖が付いていて、香港映画のアクションみたいに首にかけたいところだけど、首は形状的に回せないからリュウソウケンだったり足にかけたりしてますね。

きしだ・たつや:1992年4月16日生まれ。東京都出身。映画、ドラマ、舞台、CMと多数の作品に出演。主な作品にドラマ『相棒 season12』『仮面ライダーウィザード』『今日から俺は!!』、映画『リアル鬼ごっこ3』『悪の教典』『検察側の罪人』、舞台『隠蔽捜査&果断・隠蔽捜査2』『銃切り丸』など。

目指すは「ブラック最強回」

——今回が初対談ということで、この機会にお互い聞いてみたいことはありますか?

竹内 え、聞いてみたいこと? 休みの日は何やってんの?

岸田 定番のそれ聞きますか(笑)。最近カツ(兵頭功海)にビリヤードを教えてもらいました。撮影終わりとか休みの日に行ったりしますね。彼らは若いから、撮影終わりでも体力的に全然平気なので、よく出掛け

タツは最初からアクションがいろいろできたから驚いた。ちょっと動きを見て「これはいけるな」と思ったよ。(竹内)

て新しい遊びを教えてもらっています。竹内さんはオフに何をされてるんですか？

竹内　俺は釣りかな。

岸田　あ～、前におっしゃってましたね。筋トレとかはいつしてるんですか？

竹内　休みの日じゃないけど、筋トレはしてるよ。木曜日はベンチプレスと決めていて、朝はだいたい6時出発だから5時くらいに撮影所に来てやってます。ロケ終わりで戻ってきたあとだと大勢いるから、朝やろうと思って。

岸田　あぁ、ちゃんと決めてるんですね。

竹内　どうしてもサボり癖が出るじゃない。だから決めておけばちゃんとやるかなと。できなかったら翌日やればいいし、あるいは現場で何かしら筋トレすればいいから。

岸田　現場でも空き時間があるといろいろされてますよね。劇場版でしたっけ？　山の上で上半身裸で(笑)。

竹内　いや、あれは別に筋トレじゃないから。単に日焼けしようと思ってたの！(笑)

岸田　急に現れた山男みたいな(一同笑)。

竹内　タツは何か筋トレはしてるの？

岸田　腕立てとか腹筋くらいで、それ以上のメニューは特にやってないですね。

竹内　いや、それで十分。無理したって続かないから。

岸田　竹内さんを見てると、追いつこうとか思えないですよ。腕の太さとか、僕の太腿と同じくらいですからね。

竹内　えっ、そう？(笑)

岸田　50歳じゃないですよ、この体！

――では、そろそろ最後の質問ですが、バンバ／リュウソウブラックという役柄を通じて今後チャレンジしてみたいことはありますか？

竹内　一度「ブラック編」をがっつりやりたいですね。

岸田　弟(トワ)は20話でメイン回をやってるんですけどね。

竹内　まずは台本ありきだけど、もっといろんな表現に挑戦できる気がするんですよね。スーパー戦隊の場合、メンバーも多いから難しいかもしれないけど、変身後はちょっとでいいから(笑)、タツヤの出番を増やしてさ。

岸田　それ違いますよ！(笑)

竹内　ほら、前に見せたじゃん。「昔、こういうのがあったよ」って春田(純一)さんのアクションを。

岸田　2年連続(『大戦隊ゴーグルファイブ』『科学戦隊ダイナマン』)でブラックを演じたという竹内さんの先輩の。しかも変身前後の両方をご自分でやってたんですよね？

竹内　そう。だから、変身できないシチュエーションの話にして、タツがやるアクションを増やすのよ。春田さんは、素面で高所からの飛び降りとかも全然平気でやられてたから。

岸田　いやいや、無理っす！(笑)

竹内　大丈夫。できる！(一同笑)

岸田　これは前にもどこかで話したんですけど、バンバ回って17話の昔の恋人エピソードとか、わりとヒューマンな話が多いんですよね。それはそれで芝居の場をいただけて役者としてもやり甲斐があるんですけど、それとは別に「ブラック最強回」は欲しいなって思います。とにかく敵をブチ倒して、子供たちのテンションが上がるような30分。そういう話も一度やってみたいですね。

竹内　そうそう、それはやるべきだよ！

たけうち・やすひろ：1969年3月8日生まれ。愛知県出身。『光戦隊マスクマン』で特撮作品の現場に初参加。『特捜エクシードラフト』のドラフトキース役（アクション用）で、初のレギュラーヒーローを担当。『超力戦隊オーレンジャー』のオーブルー役を皮切りに、スーパー戦隊シリーズでヒーローを歴任し、『天装戦隊ゴセイジャー』では初となるレッド役を演じた。

「そのハート、撃ち抜いてやるよ！」

兵頭功海 as カナロ

一族の再興を掲げ悪と婚活に立ち向かう「栄光の騎士」

RYUSOULGOLD

06

兵頭功海 × 岡田和也

オモシロさとカッコよさの振り幅に唯一無二の魅力を発揮する追加戦士、カナロ／リュウソウゴールド。互いに相手を「真面目」と評する兵頭・岡田コンビが、真摯に役と向き合いシリーズ初の「婚活」ヒーローを作り上げるプロセスに迫る。

撮影◎高山遊喜
取材・構成◎大黒秀一

初体験連続でガチガチの登場回

——最初にお二人が会われたのはいつのことなんですか？

岡田 確か衣裳合わせのときだったよね？ そのときはすごくあっさりした挨拶しかできなかったけど。

兵頭 ほぼ1年近くご一緒することになるので、もっとキチンとした場が用意されての顔合わせになるのかなと想像してたんですけど、全然違いましたね。

岡田 準備期間が短かったんですよ。撮影で初顔合わせになるかと思ったんですが、「今日来てるよ」って聞いたんで会いに行ったんです。

兵頭 わざわざ来てくださったのに、衣装合わせのあとに廊下で「あ〜っ、ちょっ、ちょ！」「どうもはじめまして！」みたいな挨拶になってしまって(笑)。あのときは申し訳なかったです。

——登場はテレビが先(第14話)ですけど、撮影は劇場版(『騎士竜戦隊リュウソウジャー THE MOVIE タイムスリップ！ 恐竜パニック!!』)のほうが先行していたそうですね。

兵頭 そこが僕にとってのクランクインだったんですけど、変身がなかったので、そのときもお話しできてなくて。

岡田 映画はほぼ踊りに行っただけですね(笑)。兵隊(ドルン兵)などもやってはいますけど、上堀内(佳寿也)監督には「岡田ごめん！ 出番ないわ！」って謝られて。

——ということは、兵頭さんはアクションも本編の撮影でぶっつけ本番みたいな感じだったんですか？

兵頭 そこでトランポリン使って飛び蹴りをやったのが初めてでした。初変身もそうですし、強竜装もその日にやって、他に水中の爆発とかもあったので、初日からすごいギュウギュウでした。

岡田 そうそう。いきなり挨拶のすぐあとに飛び蹴りだったよね(笑)。ゴールドとしては前日にも撮影をやってたんだけど、カナロのほうは次の日に集中してるスケジュールだったから。

——兵頭さんは野球をやられていたので、体を動かすのは得意だったのでは？

兵頭 いや、あんなに機敏に動いたことは人生初だったと思いますし、普通に生きてたら絶対にやらないような動きもあったりで、ほぼ未知の世界でした。それに、教えられたことに即対応できる瞬発力みたいなのが必要なんだなと。野球で言えば、その場でスライダーの投げ方を教えられてすぐやるみたいなもので、普通なら何日も練習してやっとできるようなことなのに、それを教えられてすぐやるという。なかなかタイトなスケジュールでした。

岡田 まぁ、ここの現場が特殊なだけだから(一同笑)。特にカナロは最初からアイテムも多かったので、それだけで段取りって増えるじゃないですか。それを「映像ではこうなるから、このタイミングでこうやって」とか、いきなりその場で説明されて、しかも芝居もやんなきゃいけない。それで手順に気を取られすぎて顔のほうの力が抜けてるときとかあって、「だよな、そうなるわな」ってめちゃくちゃわかるんだけど、「これは苦労しそうだなぁ」と思いながら見てました。

兵頭 最初は全然上手くできなくて、一旦OKにはなったんですけど、渡辺(勝也)監督にお願いして撮り直してもらったんです。

岡田 スタッフのみなさんは長いことシリーズに関わっている人が多いから、気持ちはわかってくれてるんだよね。それでカツ(兵頭)が上手くいかなくて悔しがってたら、ディレクターの方に「もう1回やらせてくださいってお願いしてきなよ」って言っていただいてね。

——次の坂本(浩一)監督の組(第15・16話)も見るからにハードそうでしたよね。ズブ濡れになりながら、モサレックスを説得するくだりとか。

兵頭 まだ時季的に暑くはない頃だったので体がガタガタ震えはじめて、逆に水から出たくないぐらいでした。でも、あそこまで追い込まれると、やってるときは大変さって感じなくて、それよりは充実感のほうが大きかったです。すべてさらけ出せた感じで。正直けっこう変な表情のカットもあるんですけど、それをそのまま使っていただけたのが逆に嬉しかったです。

岡田 台本を読んだときから大変な撮影になることは予想してたので、前日に会ったときに「頑張ってね」ってエールだけ送ったんだけど、それをやり切ったのはすごいなって思ったし、本人の必死さがそのまま出てるのっていいじゃないですか。僕もあのシーンは本当によかったと思ってます。

――もし、カナロのキャラを掴んだ！ みたいな瞬間やエピソードがあればお聞きしておきたいのですが。

兵頭　掴んだっていうのとは少し違うかもしれないですけど、その次の中澤（祥次郎）監督の組（第17・18話）はコメディっぽいシーンも多くて、そういうのもアリなんだ！って、そこから少し演技がやりやすくなった気がします。

岡田　少しフザけても大丈夫になって、僕もやりやすくなったんですよ。18話のラストのカットとか特に面白かったので、現場で「そのましゃがみこんじゃえ」って思わず言っちゃったら、中澤さんが「岡田ぁ〜、なんで先に言っちゃうかなぁ」って（笑）。思わぬところで監督と意見が合って嬉しかったですね。

――それまでも婚活絡みのシーンはわりと面白い要素でしたけど、ここからさらに加速した感じですか？

岡田　劇場版でクルッと振り向いて女の子のほうに行っちゃうのとか、あとで知ったんですよ。最初からめちゃくちゃ面白いことやってんじゃん！って（笑）。だから「もっとそっちもやろうよ」って、カツにも言いました。

――あとカナロといえば、妹のオトちゃんも欠かせない存在かと思いますが、オトちゃんとの関係はどういったことを心がけていますか？

兵頭　芸歴は（田牧）そらちゃんのほうが先輩なんですけど（笑）、普段からなるべく本当の兄のように接しようと思ってます。誕生日にはお祝いを贈ったり。

――兄としては、妹とメルトの関係も気になるところかと思いますが。

兵頭　カナロとしてはそりゃあ気になりまくりでしょうね（笑）。二人で会ってるのを追求するくだりは、撮影のときは完成した映像よりも叫びまくってました。

――24話ラストの〝オトちゃんキック〟はいかがでした？

岡田　あのシーン、ホントに蹴られるのもあって、予定では僕が吹き替えでやることになってたんです。でも、カツが自分でやりたいって言って。そのおかげで、最後にしっかりと表情を見せられたからね。本人がやってくれたおかげで何倍も面白く仕上がったと思いますよ。オトちゃんは蹴るとき補助に支えられてるのを合成で消してるんだけど、その状況が楽しくなっちゃって、けっこう何回も蹴られてるんだよね。

兵頭　画面では思いっきり吹っ飛ばされてますけど、実際は最初から最後までまったく痛くないキックだったので、全然平気です（笑）。

コンビネーションで広がるキャラ

――あらためて、それぞれが演じるうえで大事にしていることもお聞きしておきたいのですが。

兵頭　まずカナロは、戦いはもちろん強いんですけど、それ以外では〝残念〟なところを残しておきたいというのがあります。それと、たとえば気にかけてる女性とか、一つのことに集中してしまうと周りが見えなくなるというのも大きい要素だと思っています。それは一途でもあり、〝残念〟にも繋がる面もあるので、カナロらしさの大切なところなのかなと。

――カナロが女の人に声をかけるのが嫌な感じに見えないのって、一途で不器用だからなのかもしれないですね。

兵頭　実はオーディションのときに「兵頭くんなら結婚詐欺師とかには見えない」って言われて（一同笑）。そこは自分で努力してそうなってるんじゃないですけど。

岡田　そういう少しヌケたところはカツのほうでやってくれてるので、ゴールドとしてはひたすらカッコよくやればいいと思っていて。こっちがカッコよくやればやるほど、カナロの面白い部分が際立ってきますから。……と言うものの、僕も欲張りなので、自分でも面白要素も欲しくなっちゃうんですよね（笑）。

兵頭　マスターピンクが戦いに入ってきたとき（第21話）に「あぁ、美しい！」みたいな動きをされてましたよね。

岡田　やった、やった。あれはアドリブですね。あの場面、ゴールドは後ろで見てくれていればいいって言われてたんですけど、ただ立ってるのもどうかと思ったんで、美しすぎて見惚れてるみたいにしたんです。そこから面白いこともやれるときはやろうって思いはじめて、25話でマイナソーを追ってる途中に女の子のほうへ行っちゃってグリーンに連れて行かれるというのも、渡辺（勝也）監督に相談して、蔦宗（正人）さんにもお願いしてねじ込んでもらいました。

――キャラ作りについて、二人で話し合われるようなことはあるんですか？

兵頭　撮影でお会いするときは、だいたいいつも「こういうつもりでやったから」というのを伝えてくれるので助かっています。

岡田　もっと根本的な、カナロがどういうヤツなのかというのを詰めて話したことはないかもしれないけど、とりあえず今回はこうだったよっていうのは伝えてますね。撮影は変身後のほうが先のこともあって、台本にはなかったアドリブをやってることもあるので。それに意図を伝えておいたほうが、アフレコでも繋がりは出るかなって思うんです。僕が変身後を演じて、現場では声も出して芝居してるんですけど、実際に映像として残るのはカツの声ですよね。だから、僕がやったときの気持ちとかテンションになってもらえれば、繋がりは出しやすいのかなって考えていて。たとえば29話で変身した状態で説得するシーンがあるんですけど、そこはストレートに怒鳴ってやろうと思ったんです。クールなヤツがここぞというときに感情的になるのを見せておくと、キャラの幅が広がりますからね。そういう、ちょっといつもと違うことをやったときは必ず伝えるようにしています。

――他にも繋がりを意識して、特にやられていることはありますか？

岡田　例年そうなんですけど、僕は「同一キャラ感」は気にするほうなので、何かしら変身前の演者のクセや仕草を取り入れる

Kazuya Okada as RYUSOULGOLD

17・18話でコメディっぽいのもアリなんだ！って思ったところから少し演技がやりやすくなりました。（兵頭）

ようにはしますね。だから最初の頃はずっと見てるんですよ。カツの場合は歩き方が独特なんです。ただ、独特すぎて真似できなかったので、せめてゴールドのときは背筋を伸ばしてみたりして。僕は普段は猫背なほうなので。

――その歩き方って、兵頭さんが意図的にやってたことなんですか？

兵頭　たぶん緊張してただけです！（笑）確かに「貴族っぽい」というのを監督と相談してやろうとしていたはずなんですけど、それを気にしすぎてギクシャクしちゃって。最初の頃はヒザから下を曲げないとかやってたんですけど、さすがに自分でも変だなと思って（笑）。まぁ、海のリュウソウ族だから、まだ地上を歩き慣れてなかったのかな。

岡田　あっ、それいいじゃない！　そういうことにしとこうよ（一同笑）。

未来に向かって学び成長していく

――兵頭さんが岡田さんの動きに影響されたこともありますか？

兵頭　まだまだ全然勉強中なんですけど、岡田さんのなめらかな動きは少しでも取り入れたいと思っています。特に意識しているのは手ですね。手の表情が、なんて言葉にすればいいのか悩ましいんですけど……「セクシー」というのが一番しっくりくるような（笑）。見ていてすごいなって思ったので岡田さんに直接うかがってみたんですけど、やっぱり指先までしっかり意識されていて、さらにそれだけじゃなく使うリュウソウルによって表現を変えていると聞いて驚きました。それに気がついてからは、僕もたとえセリフがなくて立っているだけのときでも棒立ちにならないよう、手の表情なんかにも神経を使うようになりました。

――岡田さんは『仮面ライダービルド』のときも、ブラッドスタークやエボルト（怪人態）の挙動がセクシーだと話題になっていましたね。

岡田　いや、セクシーは狙ってやってるんじゃないんですよ（笑）。僕らは芝居するときに表情が封印されてるじゃないですか。顔があれば眉の動かし方や口角の上げ方一つで様々な感情を表現することもできるけど、それが封じられているので、たとえば肩を動かすのか、あるいは呼吸で表すのかという限られた中で、僕は「指」を特に意識しちゃうんですよね。ブラッドスタークは蛇のイメージからやってたことが、結果的に「セクシー」という形でフィーチャーされてしまいましたけど、それ以前にやっていた仮面ライダーグリドンだったら普段から拳は握ってたし、逆にカナロみたいなクールなヤツはグーで握ってたら変じゃないですか。そうやって、あくまでキャラに合わせた表現としてやってるだけなんです。

――リュウソウルの扱いは、その効果をイメージしてということですか？

岡田　もちろんそうです。もともとゴールドは海のリュウソウ族なのでヒレっぽい手の動きでやってたんですけど、ビリビリソウルは電気が走ると聞いたのでガチャガチャっとやってみたらカツにも面白いって言ってもらったので、それから違うリュウソウルを使うたびにちょっとずつ変えてます。あまりやりすぎるとあざといので、ほんの少しだけですけどね。クラヤミソウルなら忍者をイメージしていたり。

――しかも、ゴールドの華麗さは崩さずにやってるのがまたすごいと思います。モサブレードとか、よくよく考えるとチェーン

ひょうどう・かつみ：1998年4月15日生まれ。福岡県出身。2018年、GYAOとAmuseが共同実施したオーディション「NEW CINEMA PROJECT」の出演者部門でグランプリを受賞。それをきっかけに演技の道へと進み、本作で初のレギュラー役を掴む。その他の出演作に、映画『5億円のじんせい』、WEBドラマ『恋愛ドラマな恋がしたい』（シーズン2）など。

表情を封印されて芝居をしているので、限られた表現手段の中で「指」は特に意識してしまいます。(岡田)

ソーみたいな動きもするワイルドな武器なんですけど、美しさが先に立つのはさすがだなと。

岡田 基本的に動きは福沢(博文/アクション監督)さんに考えていただいてるんですが、モサブレードはナイフだと思って扱ってます。それで香港映画などのナイフアクションを参考にしたり、あとはその方面に詳しい福沢さんや竹内(康博)さんに話を聞いたり。他のリュウソウジャーは剣なので、それとは違う戦い方のバリエーションを見せたいというのは意識していたところです。

兵頭 本当に勉強になります。岡田さんには教えていただくばかりだし、いつも「そこまで考えてるのか!」って驚かされて、そのたびになんて真面目な方なんだろうって。

岡田 僕から教えられることなんて微々たるもんですけど、自分もキッチリ教えられたわけじゃなくて、竹内さん、福沢さん、高岩(成二)さん、おぐら(としひろ)さんたち先輩から現場で吸収していったことの積み重ねでここまでやってきてるので、カツにも少しでも触れていってほしいなとは思います。これから先もどんどん活躍していってほしいからね! それに僕が真面目だったら、カツは超真面目ですよ(笑)。すごく印象に残ってるのは、22話でマイナソーを倒したらマスターピンクやういの母親も消えてしまうのでコウたちが悩んでるシーンで、僕はカナロだけは意見が違うから明るい表情だと解釈してたんです。でも、カツは一緒に深刻な表情をしていたので「なんで?」って聞いたら、「カナロにも母親はいたはずだから、気持ちは同じだったと思う」って言われて、すげぇ納得したんですよ。

兵頭 それを乗り越えて、今は「(心の中にいるから)いつでも会える」って言えるようになったから、そこで前向きな顔にしようって思ったんです。

岡田 そんな台本にまったく書かれてないところまで思いを巡らせてるって、それこそ真面目じゃないですか。以前はどういう気持ちか考えず段取り通りに動いてたときもあって、「それじゃダメじゃん!」とか言った覚えもあるんだけど、すごい勢いで成長してるし、真面目さがいい方向に出てるなと思いますね。

――カナロもいろんなことを学んで、成長していくキャラですしね。

兵頭 そうですね。特に女性に対しては結婚指輪の確認をするとかありましたけど(笑)、結婚のために戦うのをやめるかどうか迷う回(第29話)で、本当は自分から結婚を断ったのに、みんなにはいつもと同じようにフラれたことにしてる結末は、人間的に成長できたのを見せられてよかったと思っています。

――最終的にはどこかで結論が出るとは思いますが、婚活の行方も楽しみです。

兵頭 でも結婚してしまうと、カナロが地上にいる理由がなくなるんですよね。

岡田 僕も個人的には、このまま結婚相手が決まらずに終わってほしいな! なんか、そのほうが面白そうだし。

兵頭 10YEARSのスピンオフとかできることになったら、そのときに相手が見つかってました～って明かされるぐらいでいいんじゃないですかね(笑)。

おかだ・かずや:1987年12月25日生まれ。群馬県出身。ジャパンアクションエンタープライズ所属。『仮面ライダーオーズ/OOO』のウヴァ役などを経て、『仮面ライダー鎧武/ガイム』で初のライダー役(代役は除く)となる仮面ライダーグリドンを担当。以降、ゴルドドライブ、仮面ライダーパラドクス、ブラッドスタークなどの重要キャラクターを演じた。スーパー戦隊のヒーロー役は本作が初。

Friendship or Rivalry?
in Ryusoulger

KOH × TOWA

MELTO × ASUNA

BAMBA x CANALO

RYUSOULGER MAIN CAST CROSS TALK

リュウソウジャー、大いに語る。

撮影◎高山遊喜　取材・構成◎トヨタトモヒサ

——リュウソウジャー、ここに集結！

物語終盤に向けて、リュウソウジャーを演じるメインキャスト６名が、
これまでを振り返り、そして今この瞬間を語り合う！

「正義に仕える気高き魂！」

ヒーローとしての自覚

——夏場は、映画の舞台挨拶やテレ朝夏祭りでファンの前に登壇する機会が多かったですね。

一同 楽しかったです！

兵頭 僕らは普段、映像越しにしか伝えることができないけど、ファンのみなさんと直接触れ合うことができたのは、とてもいい経験になりました。

小原 僕が思っていたよりもたくさんの人たちが来てくださって、本当に『(騎士竜戦隊)リュウソウジャー』は愛されているんだなと再認識しましたね。

一ノ瀬 小さい頃、自分が憧れていた存在にちゃんとなれてるのかな？と思ってたけど、目の前で小さいお子さんの反応を見て、そこでようやくヒーローとしての自覚を持てたというか。

綱 うん、ヒーローってことを改めて実感した。

一ノ瀬 それが何より嬉しかったし、これから先に向けて頑張れる大きな原動力になりました。

綱 最初の頃はぎこちなさもあったと思うけど(笑)、その内、自分たちから「こういうふうに話そうぜ」とか考えるようにしてね。それぞれの役割がちゃんと形になったのも嬉しかったです。

岸田 個人発信もあったし、「これやってくれる？」って協力してやったこともあるし。で、最後はだいたい青い髪の人で落とす、みたいな(一同笑)。

兵頭 舞台挨拶だと、その地方のことをメルトに説明してもらったり。あとは5人に変身ポーズをしてもらって、僕はお客さんと一緒に「ワッセイワッセイ」を歌ったり(笑)。

一ノ瀬 地方では、その土地の食べ物を真花が食べてたよね。

尾崎 劇場限定のポップコーンケースに各地の名産を入れて、舞台上でそれを食べつつイジってもらって(笑)。

小原 バンバは、マイクを手にしてお客さんに「僕たちに質問ありますか？」って(笑)。

岸田 自由にいろいろやらせてもらえたよね。それで、チームワークがめちゃくちゃよくなったと思います。

一同 そうだよね～

——これまでに撮影を通じて、様々な経験をされてきたかと思いますが、克服できたこと、もしくはもっと積極的に取り組んでみたいことはありますか？

尾崎 アフレコには慣れてきたかなぁ？

小原 「克服」とまでは言えないけど慣れてはきたかも。

兵頭 戦いのときのアフレコがね。振り返ると恥ずかしいけど、最初の頃は「ファ！ファ！」って言ってた(笑)。

今まで以上に役柄を貪欲に掘り下げ、それぞれのキャラクターの内面を見せていくことが理想としてあります。(一ノ瀬)

尾崎 なるよね～。(棒読みで)「ハ、ハ、ハ」みたいな(笑)。戦いのときの掛け声はホント難しい。

小原 やりたいことといえば、29話の坂本(浩一)組で、みんなでアクションしてたのに、僕とカナロはアクションがなかったんですよ。特にコウとかバリバリアクションしてたのに、僕はガイソーグに吹き飛ばされまくるという。それで転がりは上手くなったと思うけど(笑)。

尾崎 受身が上手くなる！ 大事大事(笑)。

小原 そうなんだけど(苦笑)、殺陣も頑張ってやりたいなって。以前、タツ兄とやった特訓シーンでも最後転ばされてたし(笑)。

一ノ瀬 最後にビシッと決めたいの？

小原 そう。Gロッソの素顔公演も控えてるし、今の内にもっともっと修行したいと思いますね。

綱 僕もアクションにもっと力を入れたいです。スーツアクターの高田(将司)さんともよく、「次にできることはなんだろう」って話し合ってるんですよ。バンバはけっこういろいろやってるじゃないですか、こう……飛んだり跳ねたりパパパパッパッと！

岸田 ジャッキー・チェンみたいな？(笑) 現場で「有名なアクションスターを意識してやりたいね」って、スーツアクターの竹内(博康)さんと話してたんですよね。

綱 そこで何か一つバンバに勝つ方法はないかなぁって。

一ノ瀬 え、なんで？ バンバとケンカでもしてるの!?(笑)

綱 いや、一番アクションをしてるのがバンバだから！

尾崎 バンバに勝ちたいの？ タツ兄に勝ちたいの？

綱 どっちもです！(笑)

岸田 僕は、別にアクションに限らずだけど、自分発信でちゃんとプランニングした上で成果を出したいと思ってるんですよ。それが成功したら、また一つ引き出しが増えるんじゃないかな。

一ノ瀬 僕は感情の機微は大事にしていきたいですね。

尾崎 26話でコウが暴走する場面では落ち込んだりしてたよね。

一ノ瀬 うん。あれも今までにないコウを見せられたと思うし、たとえば泣いたり笑ったりはしないけど感謝を伝える表情とか。果たして観てる人にどれくらい伝わるかといえばなかなか難しいけど、そこは課題として意識してます。

兵頭 まさに昨日の撮影じゃない？

——ここはみんなで気持ちが一つになれたなと思える場面はありましたか？

小原 昨日だね！

岸田 33話のクライマックスでナダさんが命を落とす場面。あそこは当初、アスナ以外は泣かない予定だったんですよ。

兵頭 だけど、1回目のカットがかかった瞬間、もうみんなベソベソになってて……。

岸田 トワなんか、もうグショグショで。

小原 あれは気持ち入るよ。

一ノ瀬 そのときの空気感というか、それが役として正解かはわからないけど、その場で全員の気持ちが揃ったというか。

小原 あそこは、その場の雰囲気が泣かせてくれた感もあったよね。

綱 しかも、本番直前にカミホリさん(上堀内監督)が煽ってくるんだよね。

岸田 気持ちを高ぶらせるためにガチトーンで「もうナダはいないんだ……」って。あれがまたね。

綱 僕は「お前は死に場所にすら立ち会えなかったんだ！」って言われた。

小原 すごい煽られましたよね。

一ノ瀬 それが効きすぎて、全員が堪え切れなくなっちゃって。

尾碕 1回目はみんな泣きすぎちゃって、逆に「堪えろ」って(笑)。

岸田 思っていた以上に泣いてたんだろうね、俺ら。

一ノ瀬 僕だけはナダの死に直接立ち会っていたけど、「悲しむ」とか用意していたすべての気持ちを超えてしまった感じがします。単に泣くのを我慢するわけでもないし、そこを表情で見せたいとも思っていたし。そういう意味では5人とは違うけど、気持ちは一つになれたはずだし、そこは視聴者のみなさんにもしかと受け取ってもらえればと思います。

インターミッション？

——リュウソウジャーのモチーフ「騎士」には「強さの象徴」の意味がありますが、現場でそれぞれ「強いな」と感じたところは？

一ノ瀬 なんだろうね？

兵頭 僕は真花を真っ先に挙げますね。特にメンタルが。メンバーの中では唯一女性だけど、強く生きてるなって。

尾碕 えー、気が強いってこと？

兵頭 いや、悪い意味じゃなくて！

綱 ドーンと構えてるというか？

兵頭 まさにそんな感じ。映像を観ていても伝わるよね。そこは憧れるし、自分も欲しいなって思う。

一同 あぁー(納得)。

尾碕 でも私、「緊張しい」なんですよ。内心はガチガチになってて手も震えてたりするけど、単に緊張を隠すのが得意なだけ(笑)。

兵頭 緊張や不安を隠せているのがすごいよね。

岸田 てか、なんで隠せるの？

尾碕 やっぱり負けん気が強いのか、負けず嫌いだからかな。誰かに何か言われるのもイヤで。わかりやすい例で言うと、口ゲンカで負けるのもイヤ(笑)。「緊張してできないんだ」と思われないように、いつも「どうしよう？」って考えていて頑張っちゃうんです。

兵頭 それこそが強さ！(笑)

——他のみなさんは？

兵頭 唯和は朝が強い！

一ノ瀬 確かにっ！

兵頭 自分、ものすごく朝が弱いんですよ。だから地方とか行くと、唯和に「ちゃんと起こしてくれる？」って(笑)。

尾碕 えっ、起こしてもらってるの!?

兵頭 僕だけじゃないよ。唯和が自発的に「みんなちゃんと起きてるかな？」って心配してくれるの(笑)。ホント、しっかり者で助かってます！

小原 確かに朝は強いですね～。

尾碕 前に聞いたけど、アラーム1回で起きれるんでしょ？

小原 余裕で起きられるよ(笑)。何なら起きてすぐ100メートル走れるくらい、目覚めがいいんです。

兵頭 だからといって、めちゃくちゃ寝るわけでもないんだよね。

小原 もちろん寝るときはガッツリ寝るけど、短時間でも目覚めはよくて、とにかく朝は苦労したことないですね。

尾碕 うらやましいなぁ。私は集合時間から逆算して起きる時間を考えて、5分起きに15回くらいアラームをセットしてる(笑)。

一ノ瀬 それだと「また鳴るから」って安心感で寝ちゃわない？

綱 でも、僕もそんな感じだな。

一ノ瀬 僕は「この時間までに起きないとヤバい」って時間でしかかけない。タツ兄はどうなの？

岸田 僕は……たいてい唯和くんに起こしてもらってるので(笑)。

一同 出たっ！(笑)

一ノ瀬 そろそろ次に行くけど(笑)、綱くんもメンタルが強いよね。真花とは違う強さで、とにかく打たれ強い。

小原 それはあるかもしれない。

一ノ瀬 現場で監督に厳しく言われても、落ち込んでるところを一切見せないんですよ。彼曰く、傷ついてるらしいんだけど、それを微塵も感じさせないので。

尾碕 表に出さないってなかなか難しいことだよね。私だったら顔や態度に出ちゃいそう(笑)。

綱 そこは真逆かもね。ただ僕としては、それはいい面だけじゃなくて悪い面でもあるから、直すべきところでもあるのかなとも思ってるけど。

尾碕 強さとまた違うかもしれないけど、颯には憧れるところがありますね。

一ノ瀬 ええっ、僕!?

尾碕 私の場合、「こういう芝居をしたほうがいいのかな？」とかヘンに計算しちゃうけど、颯はお芝居が初めてだからこそ出てくる表現があるんですよね。私にはできない素のお芝居と言えばいいのかな。それは本当に羨ましい。特に劇場版でカミホリ監督も「一番好きだ」と言っていたコウの目のアップ。私には持ってない才能で、颯ならではの強さなのかなって。

綱 いいこと言ったなぁ。

一ノ瀬 え～、泣きそう……。

小原 えっ、もう泣くの？

一ノ瀬 泣かないよ。泣かないけど……。

小原 いや、すぐ泣くから(笑)。

一ノ瀬 大丈夫だから!!(笑)

——あとは岸田さんと兵頭さんですね。

小原 タツ兄の強さといえば、運動神経が抜群のところでしょ。

兵頭 うわ、最後か俺！(笑)

岸田 まぁ、素直に嬉しいです。

尾碕 殺陣がすごい！

小原 殺陣「も」だね。アクション全般、本当になんでもできちゃうから(※以下、岸田がいかにすごいか延々と語られるも文字数の都合で泣く泣くカット)。

岸田 いやもう、照れ臭いから次に行ってください！ 次!!(一同笑)

尾碕 兵頭くんは人を見る目があるよね。直感力というか。人の本質を見極める目がある。なんか…一番売れそう！

兵頭 わおっ！

綱 ブッ込むね(笑)。

尾碕 たぶん私の勝手な想像なんですけど、本人が気付いてないだけなんです(笑)。隠れてる才能がいっぱいありそう。

兵頭 ありそう!?

一ノ瀬 基本、真面目だしね。

岸田 超が付くほどマジメ。

一ノ瀬 現場でもいつもノートを持参して書き込んでるし。

兵頭 ほら、遅れて入ってきた分、追い付きたいと思ってたし。

今度は「ここは泣いてほしい」と言われるくらいのシリアスな場面にも挑戦してみたいですね。(綱)

小原　そこが真面目！

尾碕　それに、一緒に取材とか受けていても、「あ、そういう見方するんだ」って思うときがあるんですよ。

小原　あ、それはあるかもしれない。

尾碕　みんなが手前しか見ていないところを奥まで見ているというか。すごく見られてる気がするんですよね。

岸田　それって何の強さになるんだろ？

一ノ瀬　売れそうな強さ？

岸田　最強だね!!

兵頭　最後まで言われなかったから、今めっちゃ嬉しい！（一同笑）

――マイナソーは主に人間のマイナス感情から生まれる設定ですが、みなさんは日々の生活を通じてマイナソーが生まれそうになる瞬間ってありますか？

尾碕　朝、起きたくない瞬間（笑）。

一ノ瀬　え、そんな!?

尾碕　さっきも話したけど私、ホント朝が弱くて……（苦笑）。あと、夜に「食べたいけど、この時間に食べるとダメだな」とか、体型維持や体調管理があるじゃないですか。「今めっちゃラーメン食べたい」と思うけど、明日に響くとか1週間後に太ってそうとか、そう考えるときのストレスでマイナソーが生まれそう（笑）。

一ノ瀬　食べることばかりじゃん（笑）。

尾碕　でも、いつもガマンしてるわけでもなく、一日中何か食べてる日もあるし。

綱　極端だよね。朝からカップラーメンとうどんを食べてる日があるかと思えば、小食の日もあるし。

尾碕　そういうときは、だいたい2日後に焼肉を食べに行く約束があるから節制してる日（笑）。それで、どうにかマイナソーが生まれないように調整してます！（笑）

綱　僕は、ニキビができたらマイナソーが出そうになります。以前は人が多い場所に行くのも好きだったけど、肌荒れするようになってから人前に出るのも苦になってきちゃった時期があって。それこそ一時はカメラの前にも行きたくないし、家で電気もつけないくらいで、けっこうヤバい時期があったんですよ（笑）。

一ノ瀬　え、そうなの!?

兵頭　僕も基本マイナス思考だからなぁ。

一ノ瀬　それは僕も一緒。

兵頭　自分と颯でマイナソーが合体するんじゃないかってくらいの勢い（笑）。

小原　あれだ、ヒョウドウマイナソーとイチノセマイナソー（笑）。

尾碕　え、本人がマイナソーに!?

一ノ瀬　もう、自分自身がマイナソーになっちゃうくらいの勢い（笑）。

兵頭　僕は、その日の行動に対して納得できなくて生まれるかも。毎日、家に帰ったら翌朝には生まれる……の繰り返しになりそう。でも、そんなマイナスな人間に見られたくない自分もいたりして（笑）。

一ノ瀬　一つだけ挙げるとしたら？

兵頭　やっぱり撮影で上手くいかないことかな。「できなかったなぁ」って思い悩んでると小さなマイナソーが生まれてそう（笑）。

一ノ瀬　まったく一緒（笑）。やっぱり「できない」だよねぇ。あとは、映像を観て自分が思ってたのと違うとか。そういうのがあると生まれそう。僕も小さいのが（笑）。

綱　小さいんだ（笑）。

一ノ瀬　そこも似てると思う。

兵頭　いろんな面で似てるよね、僕ら。

小原　僕は思い浮かばないな。……あ！　気候でマイナソーが生まれそうです。

綱　暑いとか寒いとか？

小原　うん。

岸田　そうなんだ？　そんな感じ全然しなかったけどなぁ。

兵頭　いつも平気そうにしてるじゃん。

小原　いや、顔に汗が浮かんだりはしないんだけど、夏は「暑～い」って思うし、冬は冬で「寒～い」って（笑）。

岸田　みんなそうだよ！（笑）

小原　だって、それくらいしかマイナスな感じになることが基本ないんですよ。

岸田　俺もないな。マイナスなことは基本、考えたことないよ。いつも「幸せ＆ハッピー」なんで！

一ノ瀬・兵頭・尾碕・綱　羨ましい！（一同笑）

それぞれが持つ魅力

――直近のエピソードで、特に印象に残る場面はありますか？

小原　僕は30話のナダとの二人芝居かな。台本で言うと3～4ページくらいのボリュームがあったけど、それまでそんな長い二人芝居はやったことなかったんですよ。しかもマスターの過去を聞く大事な場面だったし。そういう意味でも忘れられないですね。

一ノ瀬　僕は繰り返しになっちゃうけど、やっぱりナダの死ですね。コウとしては闇堕ちしても信じ続けたわけだし、最終的にみんなも応えてくれたけど、大好きだったナダが目の前で命を落としてしまう。その気持ちをどうやって表現できるかなって。これまで（ナダ役の）長田（成哉）さんとやった中でも「お芝居した！」と思えた瞬間で、その感覚は僕の中でもとても大事なもので今も忘れられません。

兵頭　僕は、カナロがリュウソウジャーを辞めるか否かで悩む回（第29話）かな。みんなの前では「また一からやり直しだ」ってフラれたことにしてたけど、自分の使命を見つめ直して、葛藤して最後は自分からフリにいくんですよね。事務所の先輩の山本ひかるさんとのお芝居も刺激的だったし、自分でもここは納得いくお芝居ができました。カナロの女性絡みって視聴者にクスッと笑ってもらえるネタ的な場面が多くて、それはそれで演じてて楽しいんだけ

32話のナダの回想は好きなシーンです。役者をやっていく上で大事なスイッチを見つけられたのかなと思って。（尾碕）

感情のスイッチが入ったときのみんなの顔って本当に素晴らしいんですよね。そこはぜひ期待していてください！（小原）

ど、29話ではおふざけが一切なく完全にシリアスなシーンだったから、なおのこと力が入りました。

尾崎 私は32話の(ガイソーグの)鎧からナダの回想が伝わってくるところ。ナダがどういう思いでリュウソウジャーになったかを知るわけですけど、カミホリさんから「ナダの回想を映さず、君たちの表情を通して彼がどういう人生を歩んできたか表現したい」と言われて。それで、自分でもよくわからないんだけど思わず涙が出ちゃったんですよ。その瞬間、本当にナダの回想がパッと見えた気がして、思わずタツ兄の肩に手を置いたんですけど、「スイッチの入る瞬間」を感じることができたのがまさにそのときだったかなって。

岸田 それ、俺も全然意識してなくて。それくらい自然だったんじゃない?

尾崎 思いきり体重かけてたんじゃないかと今になって気になるけど(笑)、役者をやっていく上でまた一つ大事なスイッチを見つけられたのかなと思っていて、そこは私自身の成長にも繋がったし、とても好きなシーンです。

綱 僕は27話でブルーが初めて強竜装した場面ですね。

兵頭 アフレコでしょ?

小原 あぁ、あれはムズいやつ!

綱 うん、大変だったなぁ。

兵頭 すごく頑張ってて、テイクを重ねて徐々に作り上げていった感じがした。

一ノ瀬 ドッシンソウルってパンチだけど、普通に「シュッ、シュッ」って声を入れるわけにもいかなそうだよね。どうやって声を入れるんだろうなって思ってた。

綱 ドッシンソウルを使うのは僕が初めてで、今後みんなも使うからある程度ベースを作らないといけないじゃない。結局、叫ぶ系でやってみたんだけど、あれがベースでよかったのかなぁ……。

兵頭 それまでブルーが暴れ回るってなかったし、新鮮だったよ。

綱 キメの一発があって、その前も5つくらいあるんだけど、「できればすべて変えてほしい」ってリクエストで。いつも強竜装のアフレコをしている颯はすごいなと思った(笑)。

一ノ瀬 いやいや、カッコよかったよ。

綱 ありがとう!

——現場でお互いの芝居を見ていて惹かれる部分はありますか?

岸田 いきなり、ここにいない人の話題だけど(笑)、ういちゃんが出てる場面は好きですね。33話の卓球場で、吹越(満)さんのアドリブに対して金城(茉奈)さんが生で返したリアクションが面白くて! もう完全にういちゃんが憑依していて、たぶんアドリブに対して常にアンテナを張ってるんだろうし、ベテランの吹越さんと一緒の芝居が多い分、勉強されてるんでしょうね。

一ノ瀬 普段の会話からすごいよね。

尾崎 本当に直感というか、計算じゃない感じの芝居なんだよね。

岸田 テストとは真逆の方向に。それは本当にすごい。

一ノ瀬 タツ兄はナダとの昔の場面が印象的だよね。そんなことがあったんだって。

岸田 回想では感情的になる場面が多かったかな。32・33話は特にそうだったかもしれない。

一ノ瀬 それが新鮮だった。

岸田 なんか俺、ずっと吠えてたもんね。

小原 吠えてた(笑)。

岸田 そこは長田さんと濃密にやらせてもらった感じですね。

尾崎 私はメルトの説明ゼリフがけっこう好き。最近はバンバに取られてきた気がするけど(笑)。
岸田 それは単にお話の都合でメルトがやらなくなっただけだと思うけど(笑)。
尾碕 メルトのキャラに叡智感が薄れてきちゃってる(笑)。
綱 それは否めない!
岸田 その分、ボケに回ってるというか。ダンス回(第31話)のメルトは面白かった。っていうか、メルトじゃなくて綱が?(笑)
尾碕 あ~、ボケになると面白いんですよ。お笑いは演技でやろうとするとスベるから難しいけど、綱は素のキャラが面白いから。
一ノ瀬 そうそう(笑)。
小原 そこは人間性が出るよね。役というか「本人」だもん、いい意味で(笑)。
綱 いや、どうなのかぁ(苦笑)。
岸田 カナロは女子にフラれるのが定番だけど、最近はフラれ慣れしてきてるよね。フラれてポカーンとしている表情とか(笑)。
尾碕 20話かな。「夏美~!」って飛び込んで助けようとするけど、自分が檻に閉じ込められちゃうところ。あそこはカナロの「いい人なのにダメ感」が出てて(笑)。
小原 あぁ、いい感じに残念感が出てたよね。
尾碕 残念感が上手い!
一ノ瀬 フラれるごとに学習していく(笑)。
兵頭 僕じゃなくて「カナロが」ってことね(笑)。バンバとのケンカ話(第18話)で最後、巫女さんが既婚者でフラれるけど、そのときに彼女が結婚指輪を見せるんですよね。で、次の19話で美佐子先生と出会ったときは即座に左手をチェックして「惜しい!」って(笑)。さらに21話ではマスターピンクに開口一番「フリーですか?」って聞く(笑)。ですから、ちゃんと成長してるんです!(一同笑)
一ノ瀬 マスターピンクといえば、真花の熱演だよね。
兵頭 22話のマスターピンクとのお別れの場面の表情はすごくよかった。最高の表情だったね。
小原 あれは印象に残った!
岸田 いつもと違う顔をしてたね。
尾碕 あの場面は、「自然に感じたことをやろう」と思って演じたつもりだけど、上手くできたかなって思ってる部分もあって。
兵頭 アスナの一番いい表情だったよ!
綱 28話はアスナの体内にベルゼブブマイナソーが入ってしまう回だったけど、ラボのアスナとコウの芝居はぜひ挙げておきたいですね。アスナが苦しんでるにもかかわらず「あんた、勇猛の騎士でしょ!」って強い口調でコウを励ますところもグッときたし、変身解除したコウが「アスナ、アスナー!」って倒れたアスナに声をかけるのもすごく感情がこもってたし。あの一連は現場のモニターで見ていて、刺激を受けました。
一ノ瀬&尾碕 ありがとう!

――一ノ瀬さんについては?

一同 コウはあり過ぎ!
尾碕 颯は必死が似合いすぎ! 日本一「必死が似合うレッド」だと思う。
小原 常に必死だもんね。コウとナダのくだりはすべて見どころじゃないですか? ホントにいい顔してて。ナダが倒されたときのコウの表情とか、僕らも見ていてグッと心に突き刺さるものがあった。
尾碕 睨みも効いてた。
小原 あの目の鋭さ!
岸田 「カミホリステップ(感情の機微を表現するための、上堀内監督が要求する芝居レベルのこと)」は確実に上がってるよね。
尾碕 あぁ、わかるなぁ。
岸田 映画ではけっこう苦労していたけど、今回は監督から言われるのを飲みこんで積み上げてた

じゃん。それを見て「あ、こいつ成長してる」って思った。

尾碕 まだちょっと反抗することもあるけど(笑)。

一ノ瀬 いや、反抗じゃないから!(笑)

小原 あははは!

兵頭 颯は折れないし、曲がらない人間なので、ぶつかることもあるけど、だからこそいいものができるんだろうね。普通に「あ、わかりました」ってなるところがそうならない。そこでまたコウの必死さが出てるんじゃないかな。

尾碕 うんうん、まさにレッド!

岸田 唯和は顔が変わったよね。

一ノ瀬 そう。最初の頃とは顔つきが全然違ってて。

岸田 正直、20話の唯和、よかった。

小原 ありがとう。あの回は自分でも今まで以上に頑張ったつもりです。

綱 いや、あれはヤバかったね!

小原 オンエアが終わったあと、兵頭くんが連絡をくれたんですよ。

兵頭 いや、ホントよくて! もう電話せずにはいられなかった(笑)。

小原 嬉しかったよ~。

兵頭 自分の受けた印象ですけど、トワは無言の寄りがいいなって。そこは憧れる部分ですね。20話に限らず毎回「いいなぁ~」って思うんですよ。

小原 監督ともしっかり話し合ったし、20話は間違いなく一つの転機となった回です。出来上がった映像を観ても自分なりに手応えを感じることができました。

尾碕 タツ兄はめっちゃ前に戻るけど、病院の場面がよかった。

岸田 月虹貝の回(第17話)?

尾碕 うん。特に元カノのおばあちゃんのあのくだりは、私たちリュウソウジャーの中では見せない表情があったなって。タツ兄がこれまでに積み上げてきたお芝居の経験や技量を目の当たりにした気がして。最年長のタツ兄は、さすがこんなに表現力豊かなお芝居ができるんだって思った。しかもお芝居の合間にときどき見える深み! もう作り込み方がまったく違うんですよね。

岸田 え、何買って欲しい?

尾碕 えーと、美顔器!(一同爆笑)

特に思っているのがセリフを受けての表情。目だけでお芝居できるようにしたくて、それはかなり意識しています。(兵頭)

これからのリュウソウジャー

——では最後に、終盤に向けてそれぞれの意気込みをぜひ!

相手のアドリブのおかげでこの演技出た! みたいなのを増やして、どんどん面白くしていきたいよね。(岸田)

小原 ナダが最期を迎えたときのみんなの表情がすごくよかったので、そういう瞬間に出せる表情は研究してみなさんにお届けできればなと思います。感情のスイッチが入ったときのみんなの顔って本当に素晴らしいんですよね。そこはぜひ期待していてください!

尾碕 私はもっと瞬発力を付けたいですね。事前にこういうニュアンスでセリフを言おうとか考えるんですけど、作り込み過ぎちゃって、現場で違うリクエストをされると対応できなくなってしまうことがあるんです。だから、いい意味でフラットに現場へ行けたらいいなと。もちろん、それは今も心がけてるんですけど、それでも監督から突然「ちょっと語尾を上げて言ってみてよ」とか言われて、すぐにできるかといえばそうでもなくて(苦笑)。

岸田 そうなんだよね。俺らちょっとマジメすぎるとこがあるかも。

小原 それは全体的に?

岸田 ちゃんとセリフを覚えてくるのは当然だし、段取りやテストを経るのも大事だけど、相手のアドリブのおかげでこの演技出た! みたいなのがもっとあってもいいのかなって。

一ノ瀬 あぁ、理想だねー。

尾碕 それも役者としては当然必要なスキルだよね。

綱 それこそアスナだけ泣くはずだった、ナダが命を落とす場面みたいなね。

岸田 そんなのをこれから増やして、どんどん面白くしていきたいよね。

小原 うん、そういうお芝居がしたい。

兵頭 さっきも話題に出たけど、ういちゃんと吹越さんがまさにそう。特に吹越さんは想定してないことをやってくるので、その1シーンが奇跡みたいな。そういう1カットで起こせる奇跡の頻度を上げてきたいですよね。それをアクションとか長回しとかいろんな面でやってみたい。僕が特に思っているのが、セリフ同士じゃなくてセリフを受けての表情。唯和とちょっと被るかもしれないけど、僕の場合、目だけでお芝居できるようにしたくて、それはかなり意識しています。

尾碕 え、だから目つきが変わったのかな? 最近のカナロ、見たことない目をするんですよ、お芝居で。

一ノ瀬 そうだよね。

尾碕 今、理解した。そうだったんだ!

兵頭 伝わってたんだ!!

綱 ナダの退場回は「我慢してほしい」と言われていたところで出てきた芝居だったけど、逆に今度は「ここは泣いてほしい」と言われるくらいのシリアスな場面にも挑戦してみたいですね。

一ノ瀬 やっぱりナダの死のくだりで一つの達成感があったよね。それを経て今まで以上に役柄を貪欲に掘り下げ、それぞれのキャラクターの内面を見せていくことが理想としてあります。それが僕らの演じ甲斐にも繋がるだろうし、観てくださるファンの方々に楽しんでもらえれば、また僕らのモチベーションも上がるし、そんなふうに楽しみながら『リュウソウジャー』をさらにもっといい作品にしてお届けしていきたいと思います。

尾碕 いやぁ、いいお話をたくさん聞けて満足。みんな、いろいろ意識してるんだね。これからも頑張ろう~っ!!

VILLAIN SUIT ACTOR CROSS TALK

神尾直子［クレオン役］×草野伸介［ワイズルー役］

敵としてリュウソウジャーを苦しめる一方で、
その掛け合いで明るく楽しい本作のムードメーカーも担うワイズルー＆クレオン。
そんなドルイドンの上司・部下コンビを演じるスーツアクターが、対談で明かす撮影秘話！

撮影◎遠山高広（MONSTERS）　取材・構成◎齋藤貴義

悪役を演じることの醍醐味

——今回、お二人は悪役の上司と部下として共演されていますが、いかがですか？

神尾　ヒーローも楽しいっちゃ楽しいですけど、ワルはヒーローと違ってカッコつけなくていいところが楽かもしれないですね。自分で好き勝手にいろいろやらせてもらえるところが楽しいです。

草野　同じ悪役でも神尾さん、前回のワル（『快盗戦隊ルパンレンジャーVS警察戦隊パトレンジャー』のドグラニオ・ヤーブン）と今回ではだいぶ違いますよね。

神尾　そうそう！　前回は常にセリフが一言か二言、威厳のある感じで、そういうボス的なポジションの役も楽しいですけど、下で働くほうもそれはそれで違った楽しさがあるかなって。

草野　僕も最初、プロデューサーに「何をやってもいいよ」というようなことを言ってもらったので、かなり自由にやらせていただいています。現場で台本にないことを喋ってみて、あとはアフレコで補ってもらえるよう、スクリプター（映像の記録や管理をする人）さんに「今こういうセリフ言ったので、あとで何かあったら使ってください」とか伝えたり。

——そういう部分で、キャラクターの厚みが出ているんでしょうね。

草野　女装もしたし子供にも負けたし。上堀内監督に言われたのは「ワイズルーって、たぶん性別とかも超えちゃってるよね」と。男性しか持っていない美しさとか、女性しか持っていない美しさをいろいろ取り込んでいくうちにワケのわからないことになってるんじゃないかなって。

——それぞれ個性的なキャラクターですが、どうやってお芝居を作っていかれたんですか？

神尾　クレオンはドルイドン族じゃなくて宇宙人らしいんですよ。他の星から連れて来られて、ドルイドンに調子を合わせながらなんとか生き延びようと頑張ってるって話で。なのに、だんだんそういう感じでもなくなってきて（笑）。上司の前では「僕」って言ってるけど、陰口を叩くときは「俺」って言ってたりとか。最初に台本を見たとき、「これは間違いなのかな？」って思ったんですけど、考えたら普段はこういうノリのキャラなんだなって。

——クレオンは、前に神尾さんが演じられたラッキューロ（『獣電戦隊キョウリュウジャー』）と似たところがあるキャラだと思うんですが。

神尾　それ、周りにも言われてたんですよ。で、ラッキューロは可愛らしいとこが立ったキャラクターだったから、そこは被らないようにしようかなと思っていました。それで、最初は暴言吐きまくりで、悪ガキみたいな生意気な感じでいこうかなと。なので、基本的には悪い感じにしてるつもりです。

——確かに、ラッキューロよりはガラが悪いですね。ワイズルー様と並ぶと可愛く見えちゃいますけど（笑）。草野さんは最初、ワイズルーをどんなイメージで演じようと思われていましたか？

草野　僕の初登場回（第7話）は坂本（浩一）組だったんですけど、監督から「面白い感じでやってください」というふうに言われましたね（笑）。確か一番最初に撮ったカットが、「自分より目立つヤツが許せない」みたいなことを言い出すところだったんですよ。それなら芝居も派手にしようかなと思って。そのときに今後も使えるパターンとして名乗りシーンを合成バックで撮ったんですけど、現場で「エンターテイナーのイメージでポーズを決めて」と言われて焦りました。杖も持ってるし『グレイテスト・ショーマン』のイメージにしようかなと思っていたんですが、いろいろやっているうちに辿り着いたのがフレディ・マーキュリーでした（一同笑）。杖をスタンドマイクみたいに振り上げたりして撮影しましたね。その後も使えるつもりで頑張ったのですけど、あのポーズが使われたのはあのときだけでしたね（笑）。

——タップダンス的なアクションもありましたね。

草野　台本に「タップダンス」って書いてあって焦りました。タップダンスって音とセットじゃないですか。練習はしたんですけど、あの音がないとタップダンスに見えないんですよ。どうしたらそれらしく見えるかYouTubeでタップダンスの動画を見てみたりして、現場ではとにかく必死でやりましたね。あとはもう効果音でお願いします！という気持ちでいっぱいでした。

実はクレオンって実力者？

——今回、スーツのは動きやすさはいかがでしたか？

草野　ワイズルーは、最初に設定画を見たときにシャープでカッコいいし、素材的には革パンツくらいの雰囲気かなと思っていたんですが、実際に現物を見たらウレタンとウエットスーツでやけにしっかりできてるぞ！と。困ったのが、ボディと顔が一体化しているところなんですよ。首だけ動かして目線を外す芝居をやろうとしても、どうしても上手くいかない。銃を構えるシーンも、油断していると体の向きによって銃を向ける先と目線が合わなくなっちゃって。ステッキを持つときも、袖にボリュームがあるので手首が当たっちゃってなかなかスムーズにいかなかったりすることがあるんです。そこはヒーローの人たちが上手く合わせてくれるので、みなさんに助けてもらってるところがたくさんあると思います。

神尾　クレオンのスーツは最初、息がしづらかったです。衣裳合わせのときって可動域とか視界のチェックぐらいなので、そこまではわからないんですね。それで、1話のときに暴れてたらだんだん苦しくなってきて、直してもらったんです。なので、今はもう大丈夫になりました。あとは、ウエットスーツが突っ張っちゃってしゃがめなかったので、中だけ布にしてもらったりもしましたね。

——そうやって少しずつ改良されてるんですね。そういえば、途中でクレオンに瞼が付いてました。

神尾　あれはブラック企業の話（第14話）のときですね。渡辺（勝也）監督とは昔、一緒に『テツワン探偵ロボタック』という作品をやってたんですけど、ああいう作品の場合はキャラクターの目だけ差し替えて表情をつけるというパターンがあったんですよ。それで、私から「まぶたを付けてもいいですか？」って相談して作ってもらったんです。

草野　あれがあったおかげでだいぶ虚ろな感じの表情が（笑）。

神尾　出てたよね。それで、その後も何回か使ってもらって。

草野　いくらスーツの中で一生懸

命表情を作っても伝わらないので、やっぱり見てわかる表情って大事なんですよ。

――クレオンとワイズルーは楽しそうなシーンが多いですよね？

神尾　それまでの上司と比べるとそうですね。

草野　油断するとワイズルーがキレたりしますけど。

神尾　キレどころがわからないんですよ(笑)。調子に乗ってると怒られちゃう。

草野　ただ最近はだいぶ打ち解けてきて……。

――ワイズルーが一旦姿を消して、戻ってきてからは特に！　一緒に給食を食べてたりして。

神尾　一人になったときにタンクジョウが恋しいみたいなこと言ってたので、周りからは「そんなに好きだったの？」って言われてたんですよ。まあ、最初に一緒に赴任してきた上司だから思い出があるのかな？　怒られたことも1回くらいで、あとはピンチのときに助けに来てくれたりして上手くやってましたからね。結局、寂しかったんですよ。でも、ワイズルーとはお互いいい感じで慰め合ったりとかしてますから。

――クレオンが上から目線で「ドンマイ」とか言ったりして(笑)。

草野　ワイズルーがクレオンを慰めるのは優しさかもしれないですけど、もしかしたら「優しくしている俺カッコいい」という自己満足なのかもしれないですね。

神尾　たぶん後者のほう(笑)。

草野　その辺りは、この先もっとおバカなシーンが出てきます。一緒に給食を食べるどころじゃないですよ(笑)。

――楽しみです。毎回、お二人の掛け合いは和むんですよね。

神尾　白石(涼子)さんの声がまたいい具合で。でも、この現場でかなり喉を酷使させてしまってますね。他の現場ではああいうガサガサの声を出さないと思うので、それはちょっと申し訳ない気がしてます。

草野　ワイズルーも緑川(光)さんがいい声を入れてくださってることが大きいですね。僕らが演じたキャラクターが声優の方の力を借りることですごく魅力的になってると思います。

神尾　緑川さんも白石さんもアフレコでノリノリでやってくれるんですけど、私たちが現場でやったプラスアルファを拾ってくださってるのは本当にありがたいです。

草野　そうですね。

神尾　こっちがちょっと動いたりすると、そこにちゃんとセリフを入れてくれるし、緑川さんもアドリブが多くてちょっとしたところを拾って面白くしてくれてるんですよね。だから、私たちも完成した映像を観るのが毎回楽しみなんです。

――視聴者もワイズルーとクレオンのやり取りを毎回楽しみにしている人は多いと思います。

草野　嬉しいですね。ただ、悪役の場合は何が起こるかわからないので……。新しいキャラやアイテムが出てきたときに犠牲になっちゃうのかな？とか。

神尾　私は、そろそろ本気出して戦ったほうがいいかなって思ってますね。

草野　いや、クレオンってホントはかなりの実力者なんじゃないかと思いますよ。敵の攻撃をギリギリのところで避けたりするシーンが多いし。

神尾　だいたいいつもブラックに腹パンされてるんですけど、「実はそれなりに強いんじゃないか？」って話してたんです。

草野　ガチレウスにバラバラにされても死なないし。

神尾　1話でも早々とダブルレッドに斬られて。あれは「え？　もう斬られちゃうの？」って、けっこうな衝撃だったんですけど、でもそれでもすぐに戻っちゃいましたからね。「これ、かなり強いんじゃね？」って。現場で強さを知りました。

草野　(笑)。現場で知ることが多いんですよ。台本にないことも出てきたりするし。

神尾　事前になんとなく動きのプランを考えていくところはあるんですけど、現場で監督から突然「こういうのやってもらっていいですか？」って言われたりするので。そうなると、あとは草野くんとのやり取りが大事になるんです。事前の打ち合わせもないから、お互いがどう来るかわからないじゃないですか。

草野　「じゃあ、軽く流れをやってみてください」って言われて、「だったら、ここでちょっと押し

最後まで長生きしたいですね。クレオンをイジメすぎないように仲良くやっていきます！(草野)

くさの・しんすけ：1990年9月17日生まれ。北海道出身。2012年の『特命戦隊ゴーバスターズ』からスーパー戦隊シリーズに参加。『動物戦隊ジュウオウジャー』バングレイ役でレギュラー悪役を初担当。『宇宙戦隊キュウレンジャー』ではカジキイエロー役で初のヒーローを演じた。

ていいですか？」とか。

神尾　「大丈夫、大丈夫」「それならいいよ」とか言って、お互いに聞きながらやってます。

草野　それで、意外と盛り上がってたっぷりやっちゃうことがあるんですけど。

神尾　「もうちょっと短くしてもらっていいですか」とか言われながら(笑)。30分の番組ですから、あまり長い時間も取れないので。

よく働く悪役キャラクター

――ワイズルーとクレオンの掛け合いを撮影していて、お互い驚くようなこともあるんですか？

草野　ブツクサ言ってるクレオンに「何か言った？」みたいに顔を近づけるというシーンがあったんですけど、その辺りから監督に「顔を近づけるっていうアクションをやってくれ」と言われることが多くなったんです。そんな中、この前はクレオンがフリップを顔の前にぐっと近づけてくるという動きがあって、あれは驚きました。

神尾　幹部はでっかい人ばっかりなので、いつもは私が上からグッと来られるほうなんですけど、あのときは座ってたし、ここはちょっとユルいところだったので逆バージョンをやってみようかなって。

草野　そういう提案をしてくださるのがありがたいなと思って。

――神尾さんは草野さんの動きに驚いたことはありますか？

神尾　いや、毎回振り切ってるなぁと思って驚いてますよ。

草野　(笑)。

神尾　テンションが高いキャラじゃないですか。それを見ながら次はどう呆れたらいいのかなっていうのはありますよね。どこで乗っかるか、どこで引くか。そこをどうしようかなというのを毎回現場で考えます(笑)。とにかく出し切ってもらったほうが驚きもあるし、楽しいですから。

草野　季節的に涼しくなってきたので、この先まだ大丈夫かなって思います。この前はちょっとハシャぎすぎてグッタリしましたけど。

神尾　あぁ、屋上でね(笑)。

――例年と違って幹部たちもロケが多い印象ですが。

草野　いつもの悪い人たちって、自分たちの基地があって怪人に「行けー！」って言うのでだいたい済むんですけどね。

神尾　今回は自分たちも現場に行かなきゃなんない。

草野　だから、今回は幹部なのにいっぱい仕事やってるなって印象がありますね。

神尾　クレオンはバケツ持って階段を登ったりもしてますからね。あれは大変でした。最初はバケツを上げ底にしてくれてたんですけれど、表面の液体部分が斜めになっちゃって、結局「全部入れても大丈夫ですか？」って(笑)。なので、想像以上に重かったんですよ。リアル感が出たからよかったかなと思いますけど。

――そもそも、あの足で階段を登るのも大変そうですからね。

神尾　長靴の周りにちょっと造形パーツが付いてる感じになってるんですけど、あれが重たいんですよ。しかも、走るときは思いっきり膝を上げないと爪先がつっかえちゃって。なのに、上堀内(佳寿也)監督が「走ろうよ！」って言うから。

草野　坂道をすごく走りましたよね。

神尾　走ったんだけど本編では使ってなかった(一同笑)。あのときは一緒に走ったマイナソーが蜂須賀(祐一)さんで、二人ともかなり歳がいってるんですけど頑張って走りましたよ！　置いてかれちゃうと思ってダッシュで。クレオンは常に走らされてますね。

――では最後に、今後の展望も含めてファンの方へメッセージを一言ずつお願いします。

草野　やはり、どこかでガチレウスとは決着をつけなきゃいけないと思っているんですが、この先まだ新しいキャラも出てきたりするかもしれないし……とにかく最後まで長生きしたいですね。クレオンをイジメすぎないように仲良くやっていきます！

神尾　本来ならヒーローに注目が行きがちな中、クレオンを応援してくださる方たちの期待に応えるべくユーチューバーとして成功しようかなって(笑)。あまり配信できないかもしれませんけど、そこで生き残れば、ドルイドンを抜けて独立してやっていけそうな気がします(一同笑)。

ワイズルーのキレどころがわからないんですよ(笑)。調子に乗ってると怒られちゃう。(神尾)

かみお・なおこ：1967年11月16日生まれ。静岡県出身。スーパー戦隊シリーズをはじめ数々の作品で活躍。『燃えろ!!ロボコン』のロボコンや『天装戦隊ゴセイジャー』のデータス、『獣電戦隊キョウリュウジャー』の楽しみの密偵ラッキューロなど、マスコット系のキャラクターに定評がある。

VFX DIRECTOR × ROBOT SUIT ACTOR CROSS TALK

佛田 洋 × 藤田洋平

[特撮監督]　[キシリュウオー役]

長年、スーパー戦隊の巨大戦を演出し続ける特撮監督・佛田 洋と、前作を最後に引退した第一人者・日下秀昭に替わりロボ役をメイン担当することになったスーツアクター・藤田洋平。そんな両者が初対談で語るスーパー戦隊のロボ表現の現在とは？

撮影◎遠山高広（MONSTERS）　取材・構成◎鶯谷五郎

自ら望んでロボ役に

――佛田さん的に藤田さんの最初の印象は？

佛田 ウチ（特撮研究所）の助監督の小串（遼太郎）に「デカいＪＡＥの子がロボをやりたいらしい」って言われたのが最初です。で、現場で補助に付いてるのを見たらそこそこイケメンだから、なのにロボがいいっていうのも珍しいなと。それが最初の記憶かな。

――ちなみに、最初に藤田さんがロボを担当された現場は？

藤田 『〈動物戦隊〉ジュウオウジャー』ですね。映画（『劇場版 動物戦隊ジュウオウジャー ドキドキサーカスパニック！』）のロボ（コンドルワイルド）と、あとはトウサイジュウオーっていう黒いロボをやったんですけど、そこで初めて佛田さんに演出をつけていただきました。ただ、その前にまずロボ練習があって。

佛田 あぁー、やったね、ロボ練習。

――なかなかのパワーワードですね、ロボ練習（笑）。

佛田 普通の人は何のことだかわかんないよね（笑）。

藤田 他のＪＡＥの方に聞いたら、「ロボ練習なんてお前が初めてだぞ」みたいなことを言われました。

佛田 そうそう。ロボ役はずっと日下（秀昭）さんで揺るがなかったから。で、他の２号ロボや３号ロボは、だいたい現場に来てた慣れてる人が担当してたんだ。藤田くんはロボを演じるのは初めてでしょ？ 本番のときにもたもたしてたら「やっぱりほら、ガタイだけだよ」って言われちゃって、せっかくのチャンスがなくなるかもなと思ったので「まず練習しとこ」って言って。小串とやってたね。

――具体的にはどんなことを？

藤田 初めてのことだったんで、最初は小串さんも「何しようか？」って感じでした。

佛田 そう、「練習しよう」ってなったけどわりとノープランで（笑）。

藤田 そしたらカメラマンの岡本（純平）さんがカメラを持ってきてくれて、「まず歩いてみよう」ってことで準備中のセットを延々と歩いて。そのあと、どんなことができるのか試していった感じです。けっこう動きやすいロボだったんですよね、そのときは。

佛田 え、トウサイジュウオーが？

藤田 いや、練習は別のスーツで……確かゴーカイオー（『海賊戦隊ゴーカイジャー』）でした。それで「意外と動くんだな」とか思ったら実際は四角いスーツで、ちょっと大変でしたね。そしたら、その次のドデカイオーがさらにデカいロボだったんですけど（苦笑）。

――その後、『宇宙戦隊キュウレンジャー』『快盗戦隊ルパンレンジャーＶＳ警察戦隊パトレンジャー』を経て、今回ついにキシリュウオーを担当することになったわけですが、そのときの心境は？

藤田 始まった直後はもうドキドキですよね。日下さんから自分に替わって、それでロボの人気がガタ落ちになっちゃったら……とか、すごいプレッシャーでした。でも、佛田さんが「それは気にせずやればいいから」と言ってくださって。日下さんにも「あとを頼むぞ」と言っていただいたので、しっかりやらないとなっていう気持ちで臨みました。

革新的なキシリュウオー

――キシリュウオーは従来のロボに比べ、かなり動けるデザイン・造形ですが、これは藤田さんが演じる前提でのことだったんですか？

佛田 そう。洋平くんがキシリュウオーをやるというのはだいぶ前から決まってたから。それで、今まではデザイン的に動きの制約があったし、それがスーパー戦隊ロボらしさでもあったけど、今回はもうちょっと人間っぽいデザインにしようって、デザインの段階から話し合ってたんですよ。ただ、あまり人間っぽいとコンバットスーツみたいになっちゃうから、スーパー戦隊のロボっぽく見えるギリギリのところでできるだけスマートになるラインを探って。洋平くんには造形の途中段階で何回もフィッティングしてもらったよね。それで、とにかくカッコよく走れるロボを目指しました。

――第１話の巨大戦で何が刺さったかって、やはりロボがスーツで爆走するインパクトですよね。

佛田 キシリュウオーはあの画（え）を撮れるようにしようってところから逆算で始まったんで。洋平くんは若くて元気もあるから、オープン（※屋外セット）で走らせても大丈夫だろうと。ロボのコンセプトも毎年変わるから必ず走れるロボが来るかわからないけど、彼が初めてやるときはそういう１号ロボが絶対いいだろうということでそうしたけど、いざ練習で走らせたらやっぱりカッコよかったし。

――やっぱり全然違いますか？ 従来のロボと。

藤田 下半身ですね、主に違うのは。いつもは足が高下駄なんですけど、今回はシークレットシューズみたいな12ｃｍくらいの厚底で。

佛田 それで走ったり、ワイヤーで斜めに吊って……。

藤田 壁走りみたいな。

佛田 そう。ああいうのもやってみたいなってことで。最初のコンテにあったんですよ、まず走るのと、空中にジャンプして斜めに壁走りとか、片膝をついてスライディングとか。で、そういうのを全部やらせるために、ロボのここに吊り点（ワイヤーとロボの接合部）があるといいんじゃないかとか、今回はそういうところからやってます。

――そうやって生み出された破格に動きやすいロボではありますが、とはいえやはり演じる上で苦労もあるんじゃないかなと。

藤田 肩が上がらないんですよ、デザイン的に。あと、手にデカいパーツ（ミニガン）が付いてたり、胸にもティラミーゴの頭があって、上半身は思ったより動きやすくないんです。なので、斬る動作がちゃんとできてるのかとか、そういうとこで不安はあったんですけど……最終的には勢いなんですかね？（笑）

佛田 勢いは大事（笑）。ただ、騎士竜だからナイトなんだよね。ナイトはそんなに走り回らないんだよ。でも、ただ走らせると元気のいい動きになっちゃうから、カットとカットの間でたまにナイトのポーズ的なのを入れて、それっぽさを出してみました（一同笑）。

――ある意味、騎士っぽさを免罪符に派手に動かしたわけですね。

佛田 その通り（笑）。あとは、火薬もいつもの３倍くらい使ってね。

藤田 すごかったですね、本番の爆発。火の中を通ってたらスーツ

の一部が燃えてたりして(笑)、出来上がった映像はすごい迫力でした。

——今までにもシャープなデザインで素早く動くロボがなかったわけではないけど、アクションに関してはCG主体の表現でしたからね。

佛田　今回は、スーツでもこれだけ動けるんだというのを見せられてよかったです。

——佛田さん的に苦労されたことは特にないんですか?

佛田　うーん、そんなに苦労したところはないんだよね、動けたから。従来のロボは足がハコっぽいから、爆発の中をドシンドシンって歩くんだけど、今回はモデル歩きというか足をクロスさせる騎士っぽいシュッとした歩き方で。あれを爆発バックでできた段階で、「ああ、もうイケる!」って。あれは計算通りというか……だから、そんなに苦労しなかったです。

——パイロット(第1・2話)を担当した上堀内(佳寿也)監督とはどのようなやり取りを?

佛田　コンテ打ち合わせで、こっちが事前に描いたコンテを元に二人で話して、何箇所か直したところがありますね。監督が「ちょっとこれは騎士っぽくないからやめましょうか」ってことで。

——じゃあ、その後の撮影は基本的にいつも通り、佛田さんにお任せな感じで。

佛田　彼はずっと仮面ライダーをやってたから、初めてスーパー戦隊に来て、なんとなくロボは動きにくいんだなって印象があるわけですよ。CGでやれば動けるのは『ルパパト』でやってたしわかるけど、スーツでどのくらいやれるか不安があったみたいで、特撮の現場にも何回か来てたんだけど、ビジコン(※撮影時の映像を確認するモニター)で見てたら「カッコいい!」って安心して……あとはもう何もなかったです。喜んでました(笑)。

日本の合体ロボ文化を背負う!?

——その後、騎士竜との合体でキシリュウオーがパワーアップしていきますが、佛田さんの演出回で特に印象的なのは?

佛田　キシリュウオーミルニードル(第5話)は面白かったね。

藤田　ミルニードルは夕景で相撲を……。

佛田　そう、相撲ロボ。もう全然騎士じゃないんだよ(笑)。

——騎士じゃなくて力士(笑)。

佛田　俺が洋平くんに「違う動き、違う動き」って言うから。

——具体的に「こう動け」じゃなく漠然と「何か違う動きをしろ」と?

佛田　うん(笑)。そこで洋平くんが四股を踏んだり……他にもいろんなことをやってくれたんだけど、それでもう「じゃあ、相撲にしよう!　相撲!」って(一同笑)。

藤田　あとは映画『騎士竜戦隊リュウソウジャーTHE MOVIE タイムスリップ!恐竜パニック!!』が大変でした。実は20テイクぐらいやったカットがありまして。(岡元)次郎さん演じる怪獣(始祖マイナソー)の上を、キシリュウオーファイブナイツが側転みたいな感じで舞う吊り(ワイヤーアクション)のカットなんですけど、それがもう全然ダメで……。

佛田　テストでは上手くいったんだけどね。いざ、本番でやろうとすると、ね?

藤田　はい。なんかこう……力の入り加減が違うのか、何回もひっくり返ってしまって。

佛田　いつもは「こりゃ上手くいかないな」ってなったら「もういいや、やめよう」ってなるけど(笑)、それでも20もテイクを重ねたのはテストで上手くいったから。あのときやれたんだからできるんじゃないかと思っちゃうんだよね。

——話が進んでロボがボリュームアップすると、必然的に当初の動きやすさも制限されていきますよね。

佛田　もうギガントキシリュウオーまで来ると、いつもの1号ロボと2号ロボの合体だからね。動かすのは普通に大変です(笑)。

藤田　でも、日下(秀昭)さんがやってたいつものロボに比べたら、今回は動きやすいほうだと思います。

佛田　自分の中ではファイブナイツがいつもの1号ロボくらいのイ

洋平くんは若くて元気もあるから走らせても大丈夫だろうと思って、とにかくカッコよく走れるロボを目指しました。(佛田)

ぶつだ・ひろし：1961年10月10日生まれ。株式会社特撮研究所代表。1984年、『超電子バイオマン』で特撮の現場に初参加。1990年、『地球戦隊ファイブマン』で特撮監督になり現在に至る。東映ヒーロー作品に加え、『北京原人 Who are you?』『男たちの大和/YAMATO』など数々の一般映画でも特撮監督として活躍。

メージで、そこからの逆算でキシリュウオーをスマートに作ったから、他の騎士竜が多少付いても動けることには動ける。縦横無尽というわけにはいかないけど、日下さんの頃よりはかなり助かってるはずです。だから、洋平くんには「勘違いしちゃダメだよ」っていつも言ってるよね。これで「あ、なんだ。できるじゃないか」って思うと違うぞと。

藤田 本当に今回は、足が違うだけで動きがこんなに違うのかと。あと、キシリュウオーは視界がいいので、そこが違うだけでこんなに変わるのかと思うことは多々あります。

佛田 でも、よかったよ。今回の動けるロボを子供たちが喜んでくれてると聞くし、関係者もみんな「あ、こういうのもできるんだ」って認識になったから。これで逆に、毎年同じスタイルになっちゃうとそれはそれでつまんないけど、今後の選択肢の一つにはなったんじゃないかな。今までスマートなロボは思ったほどウケないというジンクスがあったけど、それもちょっとは回避されたかなと。

――キシリュウオーで一つ結果を出して、この先にやれることの幅が広がったかもってことですね。

佛田 それは間違いない。キシリュウオーは日本の合体ロボ文化の重要な分岐点です!(一同笑)

藤田 長いですもんね、スーパー戦隊シリーズ。そこに新しい風を吹き込んでいただけてよかったなと思います。

――藤田さんにとってロボの芝居はやはり特殊ですか?

自分はまだまだですけど……今までずっとロボを演じてこられた日下さんにあとを託されたので、精一杯頑張ります!(藤田)

ふじた・ようへい:1986年8月19日生まれ。三重県出身。JAE所属。『仮面ライダードライブ』でハートロイミュードを演じ、『宇宙戦隊キュウレンジャー』のホウオウソルジャー役でで初のレギュラーキャラクターを担当。その長身を活かし、巨大ロボ役でも活躍。『騎士竜戦隊リュウソウジャー』で1号ロボのキシリュウオーを初担当。

藤田 まあ、特殊には違いないでしょうね。

佛田 そう! スーパー戦隊のロボは明らかに特殊。本当はロボだから、敵に対して「ムムッ!」って構えたり、コクピットにモニターもあるからいちいち振り返ったりしなくてもいいんだけど、そこを「人間っぽくやる」のがスーパー戦隊ロボの特徴だと思ってるんですよ。それが、日下さんが長年培ってきたロボ表現でもあるわけだから。

藤田 そういう意味では、ロボもヒーローもあまり変わらないかもしれませんね。今回は特に、機械的に操縦するタイプではなく乗ってるキャラクターの感情がダイレクトにロボの動きに繋がるタイプなので、なるべくその感情というかヒーローの芝居を意識して演じています。操縦しているシゲ(伊藤茂騎)さん演じるレッドや、下園(愛弓)さんのピンクで違いを出したりしつつ……。確かにロボは特殊ですけど、演じるという意味でやることはそんなに変わらないと思います、キャラクターもロボも。

佛田 そういえば、こないだ撮ったキシリュウオーパキガルー(第27話初登場)で敵とボクシング対決させてね。普通はパンチを食らわすと火薬でバーンッとやるとこだけど、今回は「ボクシングだから汗だ!」って俺が言い出して。だから、ロボがパンチするとバシャーッ!と水しぶきが出るけど、あれは汗(笑)。それくらいスーパー戦隊のロボは人間っぽくしようと日夜努力してます(一同笑)。

――で、その伝統的表現を日下さんから引き継ぎ、さらには新たな表現を開拓していく、日本のロボ文化期待の星が藤田洋平であると。

佛田 その通り!

藤田 自分はまだまだですけど……頑張ります! やっぱり、あとを託されましたからね、日下さんに。

佛田 『ルパパト』の最後に撮影現場にいたみんなで身内だけのバトンタッチイベントもやったからね、特撮のセットで(笑)。

――ファンとしても、藤田さんが今後、日本の特撮合体ロボ文化の明日を担うべく、ロボ役に邁進されていくことを切に願っております。

佛田 自らロボをやりたいという貴重な人材だからね。俺を裏切っちゃダメだよ?(一同爆笑)

藤田 大丈夫です! 佛田さんや特撮の方たちとご一緒するのはすごく楽しいですから(一同笑)。

TYRAMIGO VOICE & SUIT ACTOR CROSS TALK

てらそままさき×おぐらとしひろ

[声優]　[スーツアクター]

今回、本誌の巻頭&巻末にて大々的にフィーチャーすることになったティラミーゴ。

ある意味、本作を象徴するキャラクターと言って差し支えないこの騎士竜がいかにして生み出されたのか？

演じる声優&スーツアクターが語り合う、ティラミーゴ誕生秘話！


撮影◎遠山高広(MONSTERS)　取材・構成◎鴬谷五郎

ティラミーゴ、喋る！

――かつて『仮面ライダー電王』でキンタロスの声を担当されたてらそまさんと、リュウタロスのスーツアクターだったおぐらさんが、今度はスーパー戦隊で一緒に一つのキャラクターを演じることになるとは思いませんでした。

てらそま　まさかね(笑)。昔なじみのメンバーと違う形でまたご一緒できて楽しいなって思いました。

おぐら　最初にお話があったときは喋るのか喋らないのか情報がなかったんですよね。その後、声を出すことになったんですけど、けっこうギリまでてらそまさんがやられることを知らなくて……誰がやるんだろう？ と思ってました(笑)。

――ちなみに、おぐらさんが選ばれた理由って何かご存知ですか？

おぐら　なんとなく聞いた話だと、「多少お芝居ができて、過酷な環境でも文句を言わない小さい人」って……(笑)。

てらそま　それ、指定されてるようなもんだよね。その長いオーダーに、たぶん「おぐら」ってルビが振ってあったと思うよ(一同笑)。

おぐら　「大きくない人」って指定はあったみたいです。じゃないと、スーツが大きくなっちゃうんで。

――フィッティングの過程で、おぐらさんから何かオーダーされたことは？

おぐら　細かい所作ができるように、手や首、口を動かせるギミックを入れてもらったりしました。それで、せっかくここまでやったんなら、巨大戦だけじゃなくて、小さくして(人間大で)登場させましょうよという話をプロデューサーのみなさんと会うたびにして。そしたら実際出られることになって、本当にありがたい話です。

――登場してからしばらくは鳴き声だけでしたが、てらそまさんにオファーが来た段階で、さすがに喋ることは決まってたんですよね？

てらそま　ゆくゆくは喋るようになるというのは聞いていました。「言葉は覚えていくんです」と。

――実際、7話から言葉を喋るようになりましたね。テレビを観て覚えたということで。8話で「まいうー」とか言ってたし(笑)。

おぐら　そうなんですよ。台本を読んで一瞬疑問に思いましたけど(笑)、僕としては現場で「まいうー」って言っておけば、あとはてらそまさんが何かイジってくださるかなって。そこは正直、やっててお任せな部分があるので。

てらそま　その頃はまだティラミーゴのボキャブラリーがそんなにない時期で、どこまで喋っていいのか、プロデューサーとご相談しながらやってました。アドリブをかますほど巧みに言葉を操ってなかったから。

おぐら　最初はちょっとたどたどしかったですよね。

てらそま　そう。単語しか言わない。

――7話の時点でメルトの名前を間違えるという、のちにつながるネタが出ていたのもポイントかなと。

てらそま　そこは、メルトと少し仲が悪い感じを現場で作ってくれてたので、いい感じでやれましたね。

おぐら　メルトとトリケーンが仲悪かったんですよ、最初。メルトから雑に扱われたトリケーンがちょっとヘソを曲げるみたいなのが3話にあって。それで、ただ間違えるのもアレだから、メルトって理屈っぽいし、こいつ面倒くさいヤツだなって体(てい)にしとこうかなと。名前を間違えるのは台本にあったんで、そこに僕のほうで理屈をつけてみました。それで、キャストと絡むときにわりとメルトいじりに終始してしまうとこがあったりしたんで、コウとなかなか関係が築けないっていう(一同笑)。

――コウとは案外ガッツリした絡みがないですもんね。

てらそま　そうそう。

おぐら　「赤の騎士竜」ってことで、レッドのコウとは意思の疎通ができちゃってるという感じで、特にエピソードが描かれてないんですよ。なので、もうちょっとコウとやりとりしたいですね。

――他のメンバーでは、10話でアスナと絡んでましたね。落ち込むアスナを慰めるシーンで。

おぐら　だから、アスナとは仲良しって感じではあります。でも、トワとバンバにも全然絡めてないし、カナロもほぼなくて。僕はもっと絡みたいんですけど、セットの広さとスーツの大きさの都合でなかなか難しいところがあるんですよ。監督さんも「ここならいられるよね」「じゃあこの辺で」って感じで(笑)。

ティラミーゴと一心同体!!

――その後、ティラミーゴのキャラクターが見えてきた重要回が12話ですよね。ボルケーノに嫉妬して力の限り拗ねるという。

おぐら　確かに、あの辺から怒涛でしたね。ちょっと意思っぽいものが出てきましたから。

てらそま　人間味が拡大されていったという。人間じゃないけど(笑)。

おぐら　みんなあっちを褒めるから自分も褒められたいって(笑)。

――で、コウに「お前が1番に決まってるだろ」って言われたら、すっかり機嫌が直ってましたけど(笑)。

てらそま　単純ですよね。男の子そのものって感じで。

おぐら　そうですね。演じていても、ホントに小さい男の子みたいな感覚だったりはするので。

――あと、17話でリュウソウジャーと一緒に砂に埋まってたのが、画(え)的に面白かったです。

おぐら　あれ、リアルに埋まってるんですよ、あそこまで埋まると動きがないので、せめて口と手だけは動くようにしてもらって。で、他にもキャラクターが埋まるシーンだから、周りに穴を掘ったり準備をしてる間、その状態でずっと待ってなきゃいけなくて。体感でいうとそうでもなかったけど、どうやら2時間くらい埋まってたみたいです(笑)。

てらそま　大変だね！

――その後、巨大戦でキシリュウオーに変形して「砂がジャリジャリする」って言ってましたけど……。

おぐら　実際、ティラミーゴを持ち上げるとしばらく砂がパラパラ出てきてました(笑)。

――19話はティラミーゴ大フィーチャー回でしたね。いつの間にか勝手に出かけて、すっかり日常の世界に馴染んでる設定で(笑)。

おぐら　3話でチイサソウルで小さくなって洞窟へ入って行って。もともとはチイサソウルで小さくなるって設定だったのが、いつの間にか勝手に小さくなれるという(笑)。で、野球をやってから歩いてると、てらそまさんのモノローグが入って……違う番組が始まったんじゃないかと思いました(一同笑)。

てらそま　あの回もメルトとのギクシャクした関係が脚本に書かれていて、やってて面白かった。

――「我輩はこの街が好きだ。こいつ以外は」とか、言うことがけっこうキツいですよね(笑)。

おぐら　あぁ、向かいからメルト

が来たときね。あのセリフは最高でした。ちょっと間が空いて、てらそまさんの声で「こいつ以外は」って、メルトめっちゃ可哀想！ すごくいい声でキツいこと言われてるって思って(一同笑)。そのあと、無視して通過するし(笑)。

——あと、小学校に現れて「気がつくといつもここに来てしまう」って言ってました(笑)。

おぐら あのシーンも味わい深いんですよ。てらそまさんのテンポというかリズムというか……それが画に合っててすごく面白かった。

——学校の中でメルトとティラミーゴが事件の解決に動く展開もよかったですよね。廊下で競歩を始めるところとか。

おぐら あそこの場面は、たまたまのハプニングなんですけど、ロッカーに尻尾が当たって大きい音が出ちゃったんですよね。

てらそま え、そうなの!?

おぐら テストでリアルにぶつかったんですよ。学校でルール違反すると消えちゃう話なのに、バン！ってものすごい音がして(笑)。それでビックリして止まって……また歩き始めたら、上堀内(佳寿也)監督が「それ、やりましょう」と言われて本番でまたやったんですけど、今度は狙い通り尻尾がロッカーに当たるのか？ みたいな(笑)。でも、上手く撮ってくださって、ありがたかったです。

——この回は、メルトとの関係性を通してティラミーゴの心情がしっかり描かれましたが、てらそまさん的にはいかがでしたか？

てらそま やるほうとしては楽ですよ。ちゃんと気持ちを動かして、いろんなことができるし。みんなと一緒にいて、彼らの話を聞いていて、ここでセリフを一言ってほうが難しかったりはします。話を聞いてるのかな？ 聞いてないのかな？って、動きを見ながら気持ちを乗せるほうが難しいってことはあるから。セリフの量は関係ないんですよ。でも、これだけやってくれてると通ってるんだよね、気持ちは。

——ティラミーゴはメルトの何が気に入らなくてあんな態度だったかが、最後にわかりやすく描かれているのもよかったですね。二人の心が通じたと思ったら、最後にまたメルトが「背中に乗るくらいいいだろ」ってティラミーゴを雑に扱って、ティラミーゴがまたメルトの名前を間違えるという。

おぐら そして、怒る(笑)。

——「減るもんじゃないだろ」と言われて「減る」「何が」「心が」と。

てらそま あの脚本は本当に最後までよく描いてくださってるよね。それで、心が減るから美佐子先生に会いたいんですよ(笑)。

おぐら 先生がティラミーゴの心のオアシス(笑)。あそこで最後に、てらそまさんがアドリブで「美佐子先生、会いたい！」って言ってくれて、それで実はティラミーゴって先生を気にしてたんだなと。

てらそま だって、最初見たときに「可愛いね」って思ったもん、先生役の女優(滝裕可里さん)さん。

——てらそまさん自身が(笑)。ある意味、ティラミーゴと一心同体じゃないですか。

てらそま やはり、心は役と一つにならないといけませんね(一同笑)。

最終話に向けて、コウともっとしっかり関係を築いていく描写があるといいなって思います。(てらそま)

てらそま・まさき：1962年5月8日生まれ。1984年、映画『Wの悲劇』で俳優デビュー。1987年、『仮面ライダーBLACK』シャドームーン役で声優デビュー。現在は、声優業を中心に活躍。主な作品に、テレビ特撮『仮面ライダー電王』(キンタロスの声)、アニメ『NARUTO−ナルト− 疾風伝』(飛段の声)、舞台『村岡伊平治』(村岡伊平治 役・主演)など。

ラストスパートに向けて

——あと、この回はティラミーゴがビックリするくらいいいことを言いますよね。「子供たちを……この星の未来を脅かすのが一番のルール違反だーっ！」とか。

おぐら そうです、そうなんです！ だから、この回は特に口の動きを気にしたんですよ。セリフに合わせて全部動かすとパクパクうるさいので、回数を探りつつ要所で口を動かして、ちゃんと喋ってるように見えればなと。たとえば怪獣とかだと外からの操作で別の人が動かしたりすることもあるんですけど、ティラミーゴは自分で動かせるようにしてあるので、どうしても芝居のテンションを連動させたくて……。

てらそま おぐらさんがセリフを喋りながら口も動かしてるの!?

おぐら あ、意外にご存じなかった(笑)。

てらそま なんとなくそうだとは思ってたけど、今ハッキリ実感しました。そりゃそうだよね、動かすって言ってたもんなって。

おぐら 口と合わせて手(前脚)も動かして動きに味をつけたりとか……そういうところで雰囲気を出せたらいいかなって。他人の演じる怪獣とかの手を外から動かすときって、なんとなくテケテケってやってましたけど、自分でやってみて「あ、これすげー重要だな」って気づいて。過去に手伝った怪獣に申し訳ないなって思いました(笑)。

——ティラミーゴの動きについて、監督からも細かい演出があったりするんですか？

おぐら あまり細かくは言われた

ことないですけど、「話し終わりは口を閉じててください」という方もいたり、セリフ後に吠えたりすることもあるんですけど「セリフまででいいです」とか、そういう演出はあったりします。ちなみに僕は、ティラミーゴのニュートラルはちょっと口が開いてる感じにしたいなと思っていて。口を閉じてると、そこに意思を感じるというか、別の意味が出てきちゃうなって思えちゃうんですよ。

てらそま そういうこだわりは大事だよね。セリフ一つにしても、語尾を「～だー」って言うのと「～だっ！」って言うのとでは全然違うし。口の動きもそうだけど、こちらが声をあてていくときのきっかけに繋がってくるから、そういうところまで気を配ってくれるのは声優としてもありがたいです。

おぐら いやいやいや。僕としては、どうしてもせわしなくなるのが気になっちゃって。自分で動かしてる分、勢いでやっちゃうと口の動く回数が多いなぁって……。何回もセリフを言いながら探るんですけど、たまに訳わかんなくなります(笑)。あと、僕自身の声だとちょっとトーンが高いじゃないですか。だから、普段はわりと落ち着いた感じで喋ろうとしてますし、ノリ的には「てらそまさんが喋る」という前提で動いてたりしますね。

てらそま へー！ そうなんだ。

ティラミーゴは何でもできるので、この先もラストに向けて何でもやらせていただければ！（おぐら）

おぐら・としひろ：1971年5月9日生まれ。『ビーロボ カブタック』『仮面ライダー電王』『海賊戦隊ゴーカイジャー』『仮面ライダードライブ』など数々の東映ヒーロー作品でスーツアクターを担当し、近年は『宇宙刑事ギャバン THE MOVIE』などでアクション監督としても活動。また、俳優として舞台や、映画『ゲゲゲの鬼太郎』『日本沈没』、テレビドラマ『拝啓、父上様』などに出演。

おぐら てらそまさんの声のちょっと大人びた感じを活かしたいし、恐竜的なちょっとどっしりしたイメージも欲しいので。実際、ティラミーゴは軽い存在ではないですから、その重厚感がありながらたまに出す軽快さでギャップを見せられたらなぁと。

——25話でもメルトの名前を「ボルト」と間違えていましたが、間違いを連発した19話も「ソルト」「チルド」「タルト」「アルト」と全部違うのが素晴らしかったです。

てらそま それね！ 実は台本に1回同じ間違い方で呼んでるとこがあったんだけど変えたんですよ。全部間違ってるように、2回目のソルトをタルトって……。

——そのこだわりが素晴らしい(笑)。ティラミーゴ。

おぐら 言葉を覚えたばっかりのわりには半年でだいぶ(笑)。

——テレビを見て言葉を覚えてる設定だから、パキガルーの登場回(第27話)では……。

おぐら 「パイセン」って言ってましたね(笑)。あれは、急にティラミーゴが後輩感を出してきて、てらそまさんはどういうふうに言われてるんだろう？ って思いながら現場でやってました。

てらそま その前にまず「パキガルー……イントネーション的にはなんて言えばいいの？」って(笑)。そういうところから始めなきゃいけないんですよ。ご存知のように、アフレコは「はい、映像見てくださーい……見ましたね。じゃあリハーサル行きます」なので、こちらとしては「見たばっかりやんけ！」と(一同笑)。それでいろいろ出していかなきゃいけないから大変は大変なんです。一応、台本は見てるけど！(笑) でも、最近はずっとお世話になってるから、「すみません、ここはどんな感じですか？」って聞けるようになりました。映像だけだと意図がわからない場合もあるじゃないですか。それはやっぱりわかったほうがいいので……。

——まだまだ話しは尽きませんが、最後に一言ずつクライマックスに向けて抱負をぜひ。

てらそま どういう話をぶっこんで来てくれるかなぁというのが毎回楽しみではあるんですけど、最終話に向けて、やっぱりコウともっとしっかり関係を築いていく描写があるといいなって思います。

おぐら ですよね！ 僕は今回のティラミーゴグラビアでもいろいろやらせてもらって……人間ではなくファンタジーの世界のキャラクターなので、それが実際に現実にいたら？ みたいなシチュエーションを考えるのが楽しくて、いろいろ小道具を持ち込んだんですけど、アイデアを採用していただけて嬉しかったです(笑)。1年で演じ終えてしまうことが確定してるキャラクターなので、それに息吹を吹き込んで、あたかも存在しているように演じていく中、今回のようなサイドストーリーが演じられることが、またティラミーゴの生きている振り幅にもなるし、とても嬉しい企画でした。ある意味、ティラミーゴは何でもできるので、この先もラストに向けて何でもやらせていただければ！……あ、水没だけはイヤかな？ 出てこれないから(一同笑)。

RYUSOULGER
MAIN STAFF INTERVIEW

丸山真哉［プロデューサー］×山岡潤平［メインライター］

『騎士竜戦隊リュウソウジャー』の物語とキャラクター作りの核を担うチーフプロデューサーとメインライターが目指したものとは？　番組の企画立ち上げから現在まで、キャラクター事情を中心にその裏側に迫る！

取材・構成◎大黒秀一

RYUSOULGER
MAKING
TALK

リュウソウジャー誕生の立役者《メインスタッフ》、大いに語る。

『騎士竜戦隊リュウソウジャー』に立ち上げから携わったメインスタッフたちの談話で、本作の魅力とキャラクターたちの創造プロセスに迫る。

人と人の繋がりで紡がれるキャラクター

――お二人ともスーパー戦隊シリーズには今回が初参加ですが、最初に目指したのはどういったことだったんでしょうか？

丸山　東映に入社してから5年くらい、僕はニチアサ枠の番組に関わってたんですよ。『重甲ビーファイター』から始まって『テツワン探偵ロボタック』までのメタルヒーローシリーズから『燃えろ!!ロボコン』までですね。その頃からスーパー戦隊はお隣でやっていて親しみはありましたし、いつかはやりたいですと言い続けていたらついに機会をいただけることになりました。僕もベテランと呼ばれる年齢になってますし、せっかくシリーズに初めて関わるならフレッシュな風を吹き込みたいと思ったんです。スーパー戦隊にもここ10年ぐらいのトレンドみたいなものはあると思いますが、そういうそういう流れになるべく縛られずに自由に着想してみたいなと。

――特に近作の『快盗戦隊ルパンレンジャーVS警察戦隊パトレンジャー』や『宇宙戦隊キュウレンジャー』は、従来の基本フォーマットを崩した作り方をしていましたね。

丸山　プロデューサーとして何作も関わっていると、色々なことを試してみたくなるのだと思います。でも僕は他人のことを気にする余裕もないので、素直に自分が面白いと思えるものをやってみたらどういうものが出てくるのか自分でも知りたかった。もちろん、最初はディスカッションしながら戦隊ものとしての許容範囲を探り探りで進めつつ「これはダメなんですね」というのもありましたけど(笑)、自分にも4歳の子供がいるのもあって、素直に子供に届くものをやろうというのだけはブレないように気を付けました。

――山岡さんへのオファーはどういった経緯だったんですか？

丸山　子供が喜ぶものを作りたいとはいえ、同時にお父さんお母さんにも楽しんでいただける物語にしたいとは思ったので、おそらく親世代の一番ボリュームゾーンであるであろう30代から40代前半くらいと同世代の人にお願いするのがいいと思ったんです。山岡さんとは他のドラマ(『遺留捜査』)で知り合ったんですが、世代的にはまさに合致するのでお声がけしたら「やりたい」と言っていただいて。

――オファーを受けた山岡さんとしてはどういった心境でしたか？

山岡　なんとなく特撮と一般のドラマで脚本家は住み分けがされてるイメージだったんです。なので「いつかやりたいな」とは思っていましたが、本当にお声がかかるとは考えてもなくて。「僕でええんかな」って最初はちょっと思ってしまいましたね(笑)。でも、すごく嬉しかったです。

――ストーリーの方向性など話し合いで決まったことも多々あると思いますが、山岡さん自身がやってみたかったことは？

山岡　まずブレインストーミング的にどういう始まりにしようかという話し合いがあって、今回はマスターという師匠がいて、そこから受け継がれていくような話にしようとなったんですが、僕が子供の頃に観ていた作品だと受け継がれるのがある種当然みたいになっていて、すぐに力を受け継いでカッコいいヒーローになってるようなイメージがあったんです。でも、そうではなくて急に受け継いじゃったらどうなるんだろ？　と思ったので、自分がやるならそれは大事にしようかなとオファーをいただいたときから思っていました。予期せぬところから入った責任をどう扱うの？　というのは僕らにも起こるかもしれないことですから。

――第1話冒頭から任命されるパターンって近年では珍しいなと思っていたんですけど、そういった考えを踏まえてなんですね。

山岡　そうです。任命されてからヒーローとは何かを考えるような感じになったらと思って。1話だけじゃなくシリーズを通してそういう話になるといいなと、スタートしました。

――リュウソウ族はすごく寿命が長い種族だったりしますが、そう

いったバックボーンはどの程度考えておられたんですか？

丸山　めちゃめちゃ詰めて考えてるわけではないですけど、何が昔あったかとか、そういうことはある程度決めていました。展開に合わせてちょっとずつ過去の設定をアップデートしてますけど。ただ、これを描き出すと結構な分量になるので、子供の視聴者がついてこれるか心配で、小出しにしていたら、「行き当たりばったりでやってる」みたいに思われて。ま、半分は当たってるんですけど。

山岡　他の作品だと、過去がめっちゃあって、回想シーンもたっぷりあって、その過去を乗り越える話もあったりしますよね。個人的には過去を掘ることが人物や物語を掘り下げることだとはあまり思っていなくて。それはあくまでバックボーンであって、それを踏まえた今の言動からそういう過去やキャラクターが見えてくるのが一番理想的なホンだと思うんです。それを目指そうというのは最初から丸山さんと言っていましたね。

丸山　設定の説明のためのストーリーにならないように気を付けてました。キャラクターの個性というのは、人と人とのコミュニケーションで出てくるものだと思っていて、「この人はこういう人でした」と説明するためのシーンってドラマの流れを止める気がするんですよ。

山岡　そういう意味でも「描かれてない部分は想像してください」と思ってます。それはそれで、物語の見方として正しいと思うので。

あえて一枚岩とせずリュウソウ族を描く

——最初はコウ、メルト、アスナとトワ、バンバで分かれて動いていましたが、そうなったいきさつについてもお聞きしたいなと。

丸山　すごく長生きしている種族なので、リュウソウ族のみんながみんな一枚岩ってことはないよね、という話からでした。

山岡　コウたちはずっと修行はしているんだけど、明確に敵がいて戦ってるわけではないので、実戦は経験してないんですよ。その辺りはある種の〝平和ボケ〟みたいに描こうとしていて。

丸山　最初に意識したのは、育った環境の違うリュウソウ族もいることにして、違う考え方や価値観を持って生きているのを衝突させたかった。それを早い段階で提示したかったので、トワとバンバは別行動でのスタートにしたんです。

——共闘はしているものの、いまだに根っこの部分では考え方が違っている印象もあるんですが、それも狙い通りなんでしょうか？

丸山　きちんと仲間になってしまうと、個性が際立たないようなことってありがちですよね？　それをやりたくなかったんです。ドルイドンという強力な敵が出てきたので「共に戦う」という選択はするけど、考え方に相違があるならそう簡単に関係性は変わらないだろうなと。そこは表面的には単純に仲良しという感じではなくても、行動を共にするうちに心の中ではきっと繋がっていってるんだろうなというのを表情や物言いが変わったところで描ければいいなと思っています。そのほうが個々のキャラは埋没することなく最後までいけるかなと。

——例年の展開だと仲間になったら安定路線という感もあるので、そこはどちらかといえば定番のスタンスとは違うところですね。

山岡　僕は人物を作るとき、いつも〝球体〟をイメージするようにしているんです。普通にキャラ付けをしていくと、どうしても2D的になっちゃうんですけど、人間って今光が当たって見えている部分だけじゃなくて、反対側には相反するものがあったりする。そして、軸も地軸みたいに一定じゃなくて、ずっと変えながら動いているような。でも、その見えてる部分と見えないところが全部繋がって球になっているのが一つの人格という考え方です。その球が転がりながら生きてるのが人間ってものだろうなと。まぁ、これはもともと僕もある人に言われたことなんだけど、今もそれを意識して守っています。でもこの話、映画(『騎士竜戦隊リュウソウジャー THE MOVIE タイムスリップ！　恐竜パニック!!』)のときに岸田(タツヤ)くんにしたら、そのときは「いいこと聞きました！」って言ってたんだけど、だいぶ違う解釈をしたみたいで……。

丸山　彼はどんなふうに間違えてたんですか？

山岡　なんか球を雪玉みたいなものと思ったみたいで、「ゴロゴロ転がっていくうちに雪だるまみたいに膨らんでいく」とか言ってたらしく。あとでそれを聞いて「全然わかっとらんやん！」って。

丸山　これ、正しいことが伝わるように、きっちり書いておいてください(一同笑)。

キャストとキャラの絶妙な関係

——カナロについても聞いていきたいんですが、いわゆる追加戦士に関してはどういった考え方だったんでしょうか？

丸山　とにかく過去のシリーズの例を見ると、追加戦士には風変わりなキャラを持ってくるイメージがどうしてもあって(笑)。もちろん注目されるようなインパクトは必要なんですけど、何より子供たちがすごく興味を持つじゃないですか。なので、「とにかく強い」というのは必須で考えていました。それに加えて、『リュウソウジャー』の世界観は実はハードなので、明るいヤツにしたいと思って。そこから「戦う」という目的をズラしてみようかと思ったんです。もちろん、もとからいる5人とは仲間になって共通の未来も見るんですけど、それとは別の未来も見せたいなと。それが「婚活」という形になりました。

——妹のオトちゃんがいるというのは元から決まっていたんですか？

丸山　最初は妹じゃなくお姉ちゃんで考えていたんですが、オトちゃんの登場回を書いていた荒川(稔久)さんが、「自分にも姉がいるけど、姉を良く言う弟なんて書けない」と言い始めて(一同笑)。それで「妹なら書けます。いないから！」と(笑)。お姉ちゃんで考えていたときは、そんなにしっかり出すつもりもなくて、あとで出るとしてもピンポイントでいいかなと思っていたんですが、妹になってシーンも増えたので、じゃあキャストはオーディションで決めようとなりました。結果、それがすごくよかったですね。(田牧)そらちゃんは現場でも大人気です(笑)。

いつも〝球体〟をイメージして人物を作っています。見える部分の反対側には相反するものがあるような。(山岡)

本当は真面目で暗い話なんですが、それをバカバカしく楽しい番組に思われるようにしようと常に考えています。（丸山）

―カナロ役の兵頭功海さんは、何が決め手になってキャスティングされたんですか？

丸山　佇まいがよかったですね。それに中途半端に恥ずかしがったりせず一生懸命ぶつかってきてくれるから、それでカナロのキャラが突き抜けてくれたんだと思います。婚活の描写は、オンエアする前に僕たちが観てダメだと思ったら下げることも考えていたんだけど、彼の雰囲気もあって面白いからずっとやってる感じです。

―カナロの登場回（第14話）は山岡さんが担当されていますが、どういったところをポイントに書かれていったんでしょうか？

山岡　僕は『トラック野郎』シリーズが大好きなんですけど、カナロの話を詰めたときにまさにあれだと。寅さんみたいなイメージという話も出たんですが、僕は『トラック野郎』がいいなと思ったんです。

―『トラック野郎』は東映作品ですからね。思わぬところに東映イズムが（笑）。

山岡　桃次郎はキザだし、ちょっと熱い男で、でも毎回好きになったマドンナが別の男のほうに行っちゃって、そのたびにトラック走らせて静かに心で泣いてる……みたいな、あのイメージです。

―カナロが上品すぎてまったく気が付きませんでしたが（笑）、言われてみると確かに。

丸山　あとは高橋留美子さんが描く残念な二枚目のイメージですね。三鷹さんとか弥勒くんであったり面堂終太郎であったり。そういうのがゴチャッとした感じです（笑）。

―それって兵頭さんにはお話されたりしたんですか？

山岡　いえ、してないです。

丸山　兵頭くんが自分なりに先を見据えてカナロを考えてるので、それでいいと思ってます。

―最初の5人についても、キャスティングのいきさつをお聞かせいただけますか？

丸山　一ノ瀬（颯）くんに関しては、最初はきれいな顔の大学生が来ちゃったみたいな感じで、正直そんなに印象が強かったわけじゃないんです。でも、何度か会っているうちに、彼のほうがやる気になったみたいで、急に目が輝いたし、しっかりアピールしてくれて。そこでちょっと面白いなと思って、彼がレッドなのもアリじゃない？　ということになりました。

―そのアピールって、どんな感じだったんですか？

丸山　オーディションのある段階で『仮面ライダーエグゼイド』の主題歌（「EXCITE」）を踊りながら歌い始めたんですよ。ダンスは三浦大知さんとは関係ないオリジナルの振り付けで。

山岡　それはすごいなぁ（笑）。僕が会ったのは決まってからなんですが、いい意味で天然っぽいところがあって、思ったことをそのまま言うし、綺麗事でも全然臆することなく言えるタイプというか。もとはレッドらしく熱い感じで考えていたんですが、一ノ瀬くんと会ってみて、単純に熱いというよりは思いっきり芯を食ってくる人に寄せていったところがありますね。

―綱（啓永）さんが選ばれた決め手は？

丸山　人柄ですかね？（笑）　オーディションで本人はいつも、もっと前に前にと口にしていたのですが、そういう「真ん中にいたい！」って主張は人によっては少し鼻につく感じになっちゃうんですよ。でも、綱くんはその押しの強さが嫌な感じじゃなくて。幼なじみや関わってくる人たちをつなぐ要の役どころとして「よし、目立たせてやるぞ！」と思ってメルトになりました。

―他のメンバーに関しては？

丸山　全体的に年齢は上下にバラついたら面白いなと思っていたので、ブラックが年上でグリーンが最年少というイメージはありました。その中で、まず小原（唯和）くんはセンスのある子だなと。目の力とかも含めて芝居がちゃんとしていたし、一人はこういう子がいてほしいなと思って。

山岡　トワはわりと嫌なキャラで作っていて、実際に最初はキツいことを言ってるんですけど、それでも小原くんが喋ると、思ったよりそこまで嫌な感じには聞こえなかったんです。それもあって、トワが仲間になるのが想定していたより早くなりました。一方でバンバは、僕の作ったキャラに岸田くんが寄せてきてくれた感じですね。

丸山　彼はきっと育ちがいいんですよ。オーディションのときは、「僕は経験豊富なんで、若者たちを引っ張っていきたいと思います」みたいなこと言ってたんです。でも、そんなタイプじゃないよなぁと思って、あとで聞いたら、そう答えるように指導されたと。

山岡　言うなよ、それを（一同笑）。

丸山　そこが育ちのよさ（笑）。そういう憎めなくて朗らかないい子なんですけど、バンバでそれをやられたらヤバいなと思ったので、真逆の設定にしたところはあります。本人にも「笑うな」と言って。

―逆にアスナは、あとから笑うキャラになったと聞いていますが。

丸山　もともと紅一点にしようと思っていたので、アスナ役は男の子に混ざっても違和感がない子がいいなと思っていて。そのうえで、ふとした瞬間に可愛らしさが出るぐらいがいいなというイメージでした。で、尾碕（真花）さんは、変な言い方かもしれないけど他の女性の参加者の中でちょっと浮いてたんです。その浮き方とか、どこか斜に構えた感じが、もしかしたら男の子に混じると生きてくるかなと。最初はそれで目に留まったんだけど、今の雰囲気にまで変わるとは予想してなかったです。きっと、彼女がもともと持っていたものが現れてきているんでしょうね。

―アスナを笑うキャラにしようと提案されたのは丸山さんだそうですが、それは何か理由が？

丸山　最初は本人がハードな感じでやりたがるというのもあって、そっちで作ろうとしました。確かに、目の前で自分の師匠が命を落として、地球の命運は自分たちに託されたって言われたらそうなりますよね。でも、何回かホン読みやってるうちに、上堀内（佳寿也）監督と「なんかピンとこないね」って話になって。ツライときこそ笑う、どんなにツラくても笑顔を絶やさない子にしたらいいんじゃないかと思ってやってもらってみたら、それが上手くハマったんです。

―今や初顔合わせのときにハッピーターンを持って現れた話も有名で、すっかり明るいイメージですね。舞台挨拶のときにもポップコーンを持ってましたけど。

丸山　僕も「やるならもっとやれ」と言いました。アスナは食いしん

坊なので、大阪なら串揚げとか、会場ごとに違う食べ物でもいいんじゃないかって言いました。あと、綱くんにも「メルトらしく何か頭よさそうなこと喋れば?」って言ったんですけど、そしたら市の人口とか県庁の住所とか舞台で言い始めて……。

山岡　それって頭いいというよりは知識自慢(笑)。

丸山　得意げに言ってるところが可愛いんですよ。で、みんなに突っ込まれるという(笑)。

山岡　メルトって最初にキャラを作ったときは頭がよかったんですけど、そういう本人の醸し出す〝ちょっとトボけた感じ〟が反映され始めて。それはそれで面白いなということで、だんだんイジられキャラになっていきましたね。プレッシャーに弱いとか、大事なところでヘマするのもあとから付け足されていった感じです。

丸山　でも、最初からみんなそんなキレイにキャラが分かれてたわけじゃなくて、やっぱり人とのコミュニケーションで変わってくるもんなんですよね。それはお話のほうでも意識していて、キャラクターはゆっくり育ってきているので、これから先もどんどん彼らの魅力のあふれる話が増えていくと思います。

暗い世界観だからこそ明るく楽しい物語に

――普通の人間とリュウソウ族を繋ぐ存在として、ういと尚久さんも重要なキャラクターだと思うんですが。

丸山　尚久さんは、最初からセトー的なものをやってもらうつもりでした。まだセトーという名前までは決まっていませんでしたが、とにかく過去のリュウソウ族の人が神殿に眠っているところをたたき起こされて、そこで乗り移ったというのは決めていて。それは吹越(満)さんにも「最初はのんびりと出てきていますけど、そういうことになりますので」とお話ししていました。

――尚久さんがいろんなことを不思議と知っているというのは、最初から出ていましたからね。そして、ういも単に賑やかなキャラというわけではなく、特に第3話は重要な役回りだったと思います。

丸山　そうですね。あれはマイナソーの設定を身近な人を介することで説明するという目的もあり、ういちゃんが悩んで自分が死んでもいいってところまでいくのをやりたかったんです。あまりコミュニケーションが得意じゃない子が明るくしすぎて暴走しちゃうみたいな話は25話でもやっていましたけど、彼女がちょっとずつコウやメルトやアスナと一緒にいるから変わっていく姿も、しっかり1年かけて見せていきたいと思っています。

山岡　僕もいきなり彼女が悲劇に遭うのはいい展開だと思っていました。「悲劇というものが実はすぐそこにあるぞ」というのは描いてみたかったんです。誰しも悲しいことに身構えてる状態というのはなくて、いきなり来るものじゃないですか。そんな状況に一番身近なういちゃんが陥って、コウたちはどう立ち向かうかという。

丸山　あそこでアスナがういのところに行くのも、3人組の関係性を描く上でとても大事なことでした。トワとバンバはもちろん価値観がまったく違うんだけど、3人組の意見もバラバラになるという。そこでゴチャッとまとまらず、全員にちゃんとした役割があるようにしておきたかったんです。

――他に作品全般として、どういったことに留意されていますか?

丸山　さっきも少し言いましたが、実は『リュウソウジャー』は悲しい物語なんです。メンバーがみんな戦うことしか知らない子たちという。

――よくよく考えると、リュウソウ族もドルイドン同様戦闘民族なんですね。

山岡　そうなります。

丸山　そんな戦う使命を背負って、下手したら500年くらい地球を守っていなきゃいけない。長生きだから楽しいとかではなくて、ずっとツラい運命の中にいるんですよね。だからこそ日々を明るく生きてほしくて、キャラをわざと明るくしているところがあって。

――ただ時折、ドンと重い話がきますよね。その極致がナダのエピソードだと思いますけど。

丸山　33話もめちゃくちゃ悲しい結末が待っているけど、それをどう明るく見せるか。そこから入っていますからね。

――ナダの死の描き方がストレートじゃないというか、いなくなってしまったあとのほうに重きを置かれてるのがポイントというか。

丸山　そこは、1話のマスターの死を彼らがどう受け止めて、どう村を出たかという話とシンクロするのかなと思ったんです。ナダが死んだことでめちゃくちゃ悲しんで落ち込んでしまったら、マスターたちの死ってなんだったの?となっちゃいますし。もちろん悲しいでしょうけど、コウたちにとっては今まさに非常事態なんです。だから悲しんでいる暇はないという、そういうメンタルの強さみたいなのは本当に学んでいるんだろうなと。戦争を体験していない現代の僕たちには違和感のあるところだと思うんですけど。

――突き詰めるとシリアスな話だけど、単発エピソードも多くて各話の見心地は楽しいのも『リュウソウジャー』の特徴ですよね。

丸山　それはすごく意識していますよ。どこから見ても楽しめるようにしたいと思っていますし、本当は真面目で暗い話なんですけど、それをどれだけ山岡さんの小ネタとかでパッと見はバカバカしくて楽しい番組だと思われるようにしようかというのは常に考えています。他のライターさんたちみんなにも「隙あらば笑かしてください!」と言っていますし、バカバカしいと思われるのは望むところです。

山岡　すごいまとめに入った!(一同笑)

――では最後に、クライマックスに向けて乞うご期待的なコメントをいただければ。

丸山　まさに今、最後の展開を練っているところですが、誰にも予想させない話を作っていますので!予想できた人はすごいです(笑)。

山岡　ちょっとハードル上げすぎです!!(一同笑)

まるやま・しんや:1969年8月29日生まれ。北海道出身。東映入社後、『重甲ビーファイター』でプロデューサー補を担当。以降『ビーロボカブタック』から『燃えろ!!ロボコン』にプロデューサーとして参加。以降、特撮では『美少女戦士セーラームーン』、一般ドラマでは『おみやさん』『警視庁捜査一課9係』などを担当、『女刑事みずき』『遺留捜査』ではチーフプロデューサーを務める。

やまおか・じゅんぺい:1983年生まれ。兵庫県出身。2008年、『世にも奇妙な物語 春の特別編』でドラマ脚本家としてデビューを果たし、キャリアを重ねる。主な作品に、ドラマ『マジすか学園』シリーズ、『仮面ティーチャー』『遺留捜査』『荒神』、映画『ピーチガール』『不能犯』『honey』などがある。

RYUSOULGER
MAIN STAFF INTERVIEW

上堀内佳寿也

［メイン監督］

自身初担当となるメイン監督として、パイロット(第1・2話)の演出はもちろん作品の企画立ち上げにも深く関わった上堀内佳寿也が、いかにして『リュウソウジャー』を作り上げてきたか。キャラクター創造から担当回の演出意図まで、そのこだわりと思い入れをつぶさに語るロングインタビュー！

取材・構成◎大黒秀一

キャラ立てで目指したこと

——最初に本作のキャラクターがどう固まっていったかをお聞きしたいのですが、コウ、メルト、アスナの3人に絞ってのスタートはどういった意図があったのでしょうか？

上堀内　もちろん5人で始めるという考えもありましたが、3人に絞ることでマスターとの関係とか、そういったところも描けるんじゃないかという狙いがありました。

——1・2話ではまだ登場しないトワとバンバのキャラ作りには関わっておられるんですか？

上堀内　変身後のグリーンとブラックはパイロット(第1・2話)にも少し出てもらっているので、蔦宗(正人)さんと竹内(康博)さんとは多少相談しましたが、大枠については次の組の中澤(祥次郎)監督と丸山(真哉／チーフプロデューサー)さん、山岡(潤平／メインライター)さんとの話し合いで決まった部分が大きいですし、深堀りは中澤監督に委ねています。まったくノータッチということではないですし、もちろん5人のバランスを考えてキャラクターは作っていますけど。

——では、まずコウ、メルト、アスナの3人についてポイントをお聞かせください。

上堀内　最初にどう見えてほしかったかというところに焦点を当ててお話しすると、まずコウは〝純〟でいてほしかった。それは単にピュアというだけではなく、たとえば多数意見に流されずに正しいと思うことを通せる人間であってほしい。そういう意味でも純粋であるということです。一ノ瀬(颯)くんには「一つ一つの物事に対して、しっかり受け止めながらやってみよう」というようなことを話してましたね。

　一方でメルトは、アスナもああいう性格ですから、一人はしっかり者が欲しくて(笑)。なので、最初はあまり笑わず〝キザ〟にやっていこうという話をしたんです。2話のフェンシングのシーンや、ういの家に来るところなど、要所要所で「そんな一面あったんだ」という興奮度合いを見せてますが、それ以外は「自分の中でキザなキャラクターを作ってる」という考えでメルトを作っていきました。もちろん頭脳派、という設定もあるので、そこは真っ当にやろうと「物事を物理的に、客観的に受け止められることにしていけるといいね」と綱(啓永)くんとは話しました。

　アスナに関しては、わりとコウと感覚では似てる部分があるんですけど、アスナのキャラクター性として一番こだわったのは「物事の本質を直感的に見抜ける」ということです。「肌で感じられる人」と言いますか。

——理詰めのメルトとは逆のパターンですね。

上堀内　ええ。コウとの対比でいうと、コウの場合は自分の信じるものに従ってまっすぐな物言いをするのに対し、アスナはそれより速く反応しているイメージです。たとえば誰かがゴミをポイ捨てしたとして、みんなが別にいいじゃんと言ってもそれは間違っていると言えるのがコウ、どうしてよくないのか理論立てるのがメルト、そして「なんか嫌だな」って真っ先に感じ取れるのがアスナだと言えばわかりますかね？　よく「女の勘」なんて言いますけど(笑)、それに近いものがあってもいいかなという話もしていました。そうすると、たぶんコウともメルトともまた別な感情の表現ができるだろうねって。あとは山岡さんが作ってくれた「怪力」という要素をヒントにしつつ、さらに丸山さんから「ちょっと笑ってみますか」という案もいただいたんですが、やってみたらキャラ付けとしてというよりは一人の人間として尾碕(真花)さん自身の笑顔が素敵だったので、じゃあアスナに活かそうとなりました。

——第26話で幼い頃の3人の関係性がフィーチャーされましたが、そこは最初からかなり意識されていたんですか？

上堀内　実は最初の時点では具体的に言葉にした記憶がないんですけど、きっと幼なじみなんだろうなぁというのは共通認識としてありましたね。セリフでも長く一緒にいることは言ってますから。ただ、詰めて考えていたわけではないので、のちにああいったエピソードに発展したのは僕もビックリしましたね。

印象に残る人物造形を目指して

——マスターとの関係も重要視されていたとのことですが、そのポイントもお聞かせいただければ。

上堀内　当然のことですけど、マスターたちもコウたちの年代を経てきているので、マスターとなった今、コウたちの今をどう受け止めるかというのを3人ともに意識してやってもらったのが強かったと思います。マスターレッド役の黄川田(将也)さんとは出番も多かったのでわりとお話ししたんですけど、黄川田さんに伝えたのは、たぶんコウと同じぐらいマスターも昔はやんちゃだったんだろうと。それから成長していろんなことがあって、過去の自分を見るような感覚でコウを育てているという、そういう師弟関係をレッド同士で見せたいと言ってくださって。なので、シーンとしては短かったですが、レッド×レッドで戦ったところでは、マスターに少し強めに大振りしてもらっているんです。それはスーツアクターさんともお話しして、昔はヤンチャだったと思うので戦闘になったらやっぱり豪快なんじゃないか、ということでやっていただいてます。

どういったことを見せれば人間として厚さが出るのか、それを常々考えて撮っています。

メルトに関しては、彼自身がお堅い人なので、そこをマスターブルーがちゃんと見抜いてメルトと接しているんだろうなと考えていました。変な冗談も言わないし、真っ当にすごくまっすぐなやり取りをする。それで信頼関係が繋がるというイメージですね。そしてアスナは、わりと混じりっ気なしに「マスターピンク大好き！」でいってるんです。で、今は大人になってるからキリッとするとこはしてるけど、実はマスターピンクも「アスナ可愛い！」って思っちゃってるというか。なんなら気を抜くと女子会になるぐらいの関係がいいなと思って(笑)。

——最初の3人以外のこともお聞きしますが、トワとバンバに関しては、第19・20話でしっかり演出されていますね。19話でトワが一緒に閉じ込められた少年のおでこをツンと突いていたのが、20話の回想では逆にトワがバンバにやられていて。あれは素敵な描写だと思いました。

上堀内　兄弟のことで言えば、特に20話は関係性が立つ話だったので、パイロット、劇場版『騎士竜戦隊リュウソウジャーTHE MOVIE タイムスリップ！ 恐竜パニック!!』を経て、久しぶりのテレビシリーズでそういった話をいただけてありがたかったです。その頃になると全体の軸になるストーリーも見え始めるので、これから何かが起きるぞというのをじわっと見せつつ、トワがメインの回なので、だったらバンバを絡めたいなと。そこで「兄弟の繋がり」が欲しくて、何か仕草を入れようと思ったんです。それでおでこを突っつくことになりました。ここに至るまでの話では、あまり彼らのバックボーンが見えてなかったんですよね。それで、ここから先の話で兄弟を描くにあたって、二人の繋がりを示す象徴的な何かがあればいいなと思ったんですけど、ああいうのってのちに活きるかどうか確信があってやってるわけではないんですよ。ただ、兄弟たちの過去を繋げていきたい気持ちはあるので、ここから先の話で丸山さん、各監督たちに「お願いします！」という感じです(笑)。あと、演じる小原(唯和)くん、岸田(タツヤ)くんが「そういうこともあったのか」と思って、何か芝居の幅が広がるヒントにもなるといいかなと。そういう意味で〝プレゼント〟のような意図もあります。

——カナロについてはどのように見られていますか？　今のところ、カナロがメインの話は撮られていませんが、劇場版が兵頭(功海)さんにとってのクランクインだったということで。

上堀内　シーンとしては微々たるものでしたけどね。兵頭くん本人はすごく前向きだし、ポーカーフェイスなので飄々としているように見られがちなんですけど、すごく緊張はしていたと思いますよ。で、たまたまカナロにメインでスポットが当たる回はやってないんですけど、だからこそ短い時間でも印象に残るようにはしたいと思って撮っています。

——19話で服のまま水に浮いていたシーンは美しかったですね。

上堀内　海のリュウソウ族であることは改めて強調しておきたかったので、ああいったこともやってみました。あと、カナロって頭はいいキャラクターのはずなんですけど、嫁さん探しで同じパターンの繰り返しだと、まるで学習能力がないみたいになっちゃうじゃないですか(笑)。それもあって20話では意図してそれまでと変化をつけていて、銭湯の前で出会う夏美という絵描きの女性(演：眞嶋優)には、カナロに対してツンケンしてくださいとお願いして演じてもらったんですね。カナロにとってはおそらく初めて接するタイプの女性なので、そこでまた新たな表情や反応を見せられたら人間として厚さが出るじゃないですか。そういったことは常々考えるようにしてますね。

——あとはティラミーゴも、1・2話から非常に重要なキャラクターとして撮られていましたね。

上堀内　ティラミーゴを騎士竜の軸にしていきたいというのは、僕だけじゃなく多くの方々の考えとしてもあったことですから。後々ティラミーゴが喋るようになるのも1話をやってる頃から出ていたことなんですけど、そうなったときに、ざっくり言えば「天然で面白いことしてくれる存在」であってほしいと考えていました。

——2話でいきなり動物園で寝ていたのも印象的でした。

上堀内　とにかくティラミーゴが面白い場所にいてほしいなぁというのはあって、何か温もりが欲しかったんじゃないかというところから動物園になったんです。1話のラストでどこかへ去るんですけど、きっと心情としては少し寂しかったんだろうなって(笑)。そういうお茶目さや可愛さは、最初から意図していた部分です。それがあるからこそ、戦うときのカッコよさも際立つんじゃないかなと考えてやってみたんですけど、幸いなことにその後、他の監督が撮られた話でも、ティラミーゴを面白く可愛い方向に転がしてくれましたね。

——第19話ではガッツリとティラミーゴが大活躍のエピソードを撮られていますが。

上堀内　あれはぶっ飛んだ回でしたね(笑)。真っ先に思ったのは、ティラミーゴを演じているおぐら(としひろ)さんってすごいなということです。当然ですけど、ティラミーゴの頭の位置におぐらさんの頭があるわけじゃないし、尻尾なんてあるわけない(笑)。それなのにあの芝居をして、魂を吹き込めるって本当に天才だなと。

——それにしても、あの回のティラミーゴは画(え)としてインパクトがありましたね。おそらく撮影には苦労もあったかと思うんですが。

上堀内　ティラミーゴ、デカいですからね(笑)。思ってたのとは違って「あぁ、そうはならないんだ」ということも多々ありましたが、あのフォルムだからこそ出せる面白さも確実にありました。

——おぐらさんのお話だと、廊下を曲がるところで尻尾がバーンとぶつかるのは偶然だったとか。

上堀内　テストでやってみたらぶつかっちゃったんです。でも、想定外のハプニングとはいえ、実際にティラミーゴとしてもそうなるとは思ってないわけですから、全然アリだなと。それで、おぐらさんに「今のを本番でそのままやってください」とお願いしました。

僕自身も役者と一緒に、その時々に起こることを受け止めていきたいと今は思っています。

——話は戻りますが、パイロットではコウとティラミーゴが共闘に至るまでも熱かったですね。

上堀内　リュウソウ族は騎士竜から力を得ているわけですから、コウとティラミーゴの関係をしっかり描かないことには『リュウソウジャー』の物語は始まらないんだろうなと思ったので、そこは時間も尺も使うべきかなと。

——等身大のバトルと、いわゆるロボ戦がシームレスに繋がっていたのも目を引きました。

上堀内　やはりパイロットは「今年の作品はこうだよ」というのを伝えるのが重要なので、ロボ戦のシークエンスが例年とは少し違うよというのも観る人に認識してもらえるよう、こちらとしても意識したところでしたね。いい意味で「なんかいつもと違うぞ」というのが伝わってほしかったんですけど、そこは本当にオンエアが始まってどういう反応があるのかわかるまで怖かったですよ(笑)。

熱い物語へのこだわり

——本作のパイロットもそうなんですが、以前に監督された『仮面ライダーエグゼイド』や『仮面ライダービルド』の頃から、上堀内監督の回はあまりこれまでのシリーズで見たことない画が多い印象があります。

上堀内　恥ずかしげもなく言っちゃうと、まず僕は特撮を観て育たなかったんです。その分、この世界に入ってから特撮の魅力に気付けたんですけど、中学生の頃はラブストーリーなども含めた連ドラや映画を観ていたので、今もアクションだけじゃなくてお芝居をもっと撮りたいと思ってしまうんでしょうね。あとは、やっぱり僕らの世代はアニメもけっこう観ていて、アニメの在り方も変わってきた時代でもあるので、その影響は少なからずあると思います。そういった人間が若手の監督として入ってくると、多感な頃にすごいな、面白いなと思ったことをやりたがるので、それが今までやってこられてきた監督との違いとして出てくるんじゃないかな？と思っています。今『仮面ライダーゼロワン』を撮られている杉原(輝昭)監督もアニメはすごく観ていて、僕と年齢は6歳違うんですけど、それでも触れてきたものは似てたりしますね。

——ちなみに、杉原監督とはよくお話しされるんですか？

上堀内　しょっちゅう会っては話しますよ(笑)。スギさんが前年の『ルパパト(快盗戦隊ルパンレンジャーVS警察戦隊パトレンジャー)』をメインで撮られていたので、『リュウソウジャー』の準備期間にはいろいろ聞きました。

——余談ですが、前に杉原監督にお話を聞いたとき、上堀内監督ともしレギュラーで同じ作品に関わると大変なことになるんじゃないかとおっしゃっていて。

上堀内　二人とも撮るのに時間もかけてしまうほうだし、いろいろ好き勝手に大暴れしちゃいますからね。誰が言い出したのか知りませんけど、山口(恭平)監督も合わせて「地獄三兄弟」と呼ばれてますから(一同爆笑)。

——画作りの話に戻りますが、監督はロケ地選びにもすごくこだわられていますよね？　特に劇場版は、場の説得力がすごくて。

上堀内　いわゆるプロットとして丸山さんに劇場版の構想はお聞きしたんですが、きっと6500万年前が舞台というのは揺るがないだろうなと思ったので、それをどう描くかというのをすごく考えました。6500万年前といえば、人類の手が入らない時代じゃないですか。言ってみれば地球そのままの表情というような。それを表現するにあたって、人の手でそれらしく見せる方法もありますが、それよりは実際になるべく人の手が入っていない自然を見せるほうが素直にお客さんに届くんじゃないかと思ったんです。

——人物の心情とロケーションを重ねるようなことも意図的な演出でしょうか？　たとえば、20話でトワが解決方法を悩んでるのが坂の途中の分かれ道だったり。

上堀内　正直、そういうことはよくやります(笑)。あそこは三叉路になっていて、あえて来た道に引き返す状況を作りました。撮影事情的なお話をすると、パイロットや劇場版のように大々的にロケができるわけではない話数なので、自分で自転車を使って場所を探しました。先ほどもお話した通り、20話はこれから何かが起こることを感じさせる大事な回になるから、ちょっといつもとは違うロケーションでやりたいなと思っていたので。

——特にコウとガイソーグの対峙や、隕石を迎え撃つ4人の描き方はすごく緊張感がありました。

上堀内　最後のシークエンスをコウと4人に分けたのは丸山さんの案だったと思うんですが、おかげで表現の幅は広がった一方、中心になるターゲット層の子供たちに理解してもらわなくてはならないという条件の中では非常にチャレンジングな表現だったと思います。コウにしても、周りの4人にしても、多くを語らないんですよ。みんな隕石を止めに行くことで命を落としてしまう確率が非常に高いことを覚悟してあの場に来ているんですが、そこにガイソーグが現れたのでコウが自分が止めると。そのとき、4人を死地へ送るコウの気持ちはすごいものがあるはずだし、逆に4人のほうもコウへの思い入れが相当に強くないと、そんなところには行けないと思うんです。それを言葉では説明せずに伝えることで、5人の絆の強さにならないかというのは強く意識したところです。

——芝居としてはかなり要求レベルの高い話ですよね？　見る側にもそれなりの読解力が必要かなと。

上堀内　ただ、お子さんたちって、はっきりとはわからなくてもどういう感情なのかは読み取れると思うんですよ。たとえばですけど、幼いときに両親がケンカしているような状況で、具体的に何が起こっているのかはわからずとも何か悪い状況なのは理解できるし、笑顔で話しかけられれば嬉しいことが起きてるのもわかりますよね？　その延長線のようなところで、コウ頑張れ！みんな死んじゃダメだよ！って。そう思ってもらうのが目標だったんです。

——32話のコウが変身解除して「俺に乗り移れ」と叫ぶ時の笑顔

の意味を監督から語って頂ければ。

上堀内　あの瞬間、トワの言葉を聞いたコウは「怨念が他の宿主を見つければナダから切り離せる、ナダを救える！」ただ、それだけを純粋に考えたと表現したかったんです。後先なんてどうでもいい。他の誰かを宿主になんて一片も考えもしない。だからこそコウは笑顔になれた。それこそが自分の中で、1話から共に歩んできた「コウ」でした。

――ガイソーグの怨念を祓ったあとのリュウソウレッドが胸にこぶしを当てるしぐさとナダがシンクロしているのも胸熱でした。

上堀内　ここで見せたかったのはもちろん「ソウルをひとつに」なのですが、もう一つの目的としては、離れた場所で相手を思いやった時に意図せず想いが重なり、共鳴する。「ソウルをひとつに」より「ソウルはひとつだよな」という思いやりだったりします。

――第33話もメインキャスト座談会で、監督に泣かされたと。

上堀内　ナダのメッセージを見るラストですかね？　泣いちゃダメなんですけどね(笑)。まず一ノ瀬くんにはこの組の撮影に入ったときから言ってたんですけど、1話でマスターが死んだときというのは、まだリュウソウジャーを引き継いだばかりで感情を抑えきれない子供のような状態だったんですよね。そのときはただ悲しい、悔しいと感じたことだけを出していればそれでいいと思っていたんです。そこからの成長物語だと考えていたので。でも、ナダの場合は師として、あるいは親と仰いでいた人間ではなく、仲間という存在の死であり、その思いを託された状態なんです。ましてやマスターたちの死を背負ってここまで来ているわけで、1話とまったく同じではいけないし、そうであるはずがないと。そして、ナダの死に直接立ち会ったのはコウだけでしたが、そこでの感情の出し方としては「悔しい」だけで押し通してもいいんじゃないかと思っていました。といっても、悔しいにもいろんなニュアンスがありますよね？　それをすべてひっくるめた感情をのど元で止めてるぐらいでやってみようという話をしてました。あと、石札に囚われていたメンバーが異空間から解放されたところも難しいシーンなんですよ。もともと台本に「振り返ったコウの頬には一筋の涙」とあったんですが、それがすごくいいなと思ったのと同時に方向性を示すものだと受け取ったんです。そこは必ずしも泣くというよりは、「振り返った表情一つで何が起こったかわからせたい」という。これがまた「喋らないで伝える」というやつで(笑)。コウだけじゃなく他の5人にも「コウの表情、そして周りの状況から滲み出ているものを感じ取って」という話をしたんですけど、やっぱりコウに求めていたことが格段に微妙で難しいニュアンスでした。一ノ瀬くんも苦労したと思いますが、僕もどう演出したものか悩みましたね。ここのコウって、ずっと感情の針が揺れ動いている状態なんですよ。それをいかに表現するかっていう。

――相当難しいですね……。

上堀内　振り返りのカットは離れた位置から撮っていて、タイミングは一ノ瀬くんに任せていたんです。でも、おそらく自分で納得のいく感情になれなくて、なかなか振り返れなかったんですね。それで、僕が一ノ瀬くんの隣でいろんな話をして。さっき冗談みたいに言いましたけど、僕の撮影に時間がかかるのって、一つの方法論として「役と本人の感情のシンクロ」を目指しているからでもあるんです。演じる彼らもまだ未熟であり、僕自身もそうであるという中でやっていると思うので、そうした場合にはそれは有効なのかなと。でも、「正解を教えない」やり方なので時間はかかるんです。ここも時間はかかりましたけど、僕からすれば納得できる表情を一ノ瀬くんは見せてくれたと思います。そして、それを経てのラストシーンなんですけど、撮影方法として、まずナダのメッセージを撮るときは、実際に他の役者がいない状況にしてほしいとスケジューラーにお願いしたんです。ナダ役の長田(成哉)さんには、コウたちがメッセージを見るシーンを撮る日はなるべく一ノ瀬くんたちと会わないようにお願いしたんですけど、長田さんも「じゃあ、さっさと帰りますね」って了承してくれました(笑)。そうして準備した映像と音をラストシーンのロケーションで実際に出してるんです。そこでカメラを5台用意していて、メッセージが流れ始めると同時に、全員の表情をいっぺんに撮るというのをキャストにも伝えていました。そして、あえてテストもやらず、本番まで映像も見せてないんです。もちろん台本で何が起こるか知ってはいるんですけど、どういった間尺で、どんな感情でナダが喋ってるのか知らせないことで、心の準備をさせないようにしようと思って。それぐらい、泣くギリギリのラインまで感情は入れてほしかったんですよ。あと、実際の夕景も狙って撮ったんです。本番一発勝負で行けるかなと思ったので、だったら短い夕日の時間も狙えるかなと。その代わり撮影の段階で役者が気持ちをしっかり出せるよう、万全の準備はしたつもりです。撮影の直前に、一人一人に僕が直接泣かせにいってますしね(笑)。それに役者も応えてくれたし、彼らが感情を出せるように全スタッフが協力して動いてくれたことにも感謝ですね。

――ラストに向けて現在の心境と、リュウソウジャーを演じるメインキャストたちへの想いをお聞かせください。

上堀内　実はどういう結末になるのか、僕自身はまだ聞かないようにしているんです。結末を知ってしまうと、今からもうそうなるように決めて作ってしまうので、それって面白くならないじゃないですか。伏線を回収しまくるタイプのお話であれば結末を知る必要があるんでしょうけど、今回はそうではないですし、僕自身も役者と一緒に経験を積んでいきながら、その時々に起こることを受け止めていきたいと今は思ってるんです。そういう状態なので漠然とした物言いにはなってしまいますが、やっぱり最後は役としても、一人の人間としても、全員に前を向いていてほしい。僕もそれに寄り添って、最後まで撮りたいと思っています。

かみほりうち・かずや：1986年生まれ。2008年より平成仮面ライダーシリーズに助監督として参加。『仮面ライダーゴースト』のスピンオフ作品『アラン英雄伝』やVシネマ『仮面ライダースペクター』で監督を務めたのち、テレビシリーズで『仮面ライダーエグゼイド』『仮面ライダービルド』のローテーションを担う。スーパー戦隊作品に初挑戦となる本作で、初のメイン監督を担当。

RYUSOULGER
MAIN STAFF INTERVIEW

福沢博文

［アクション監督］

前作の銃撃戦メインから一転、剣技主軸に置いたバトルが身上の『リュウソウジャー』。作品コンセプト的に戦いのフィニッシュを巨大戦へとつなぐ大前提の中、等身大バトルの見どころと各キャラクターの個性をいかにして際立たせてきたのか？ アクション監督を務める福沢博文が、そのこだわりと創意工夫を語る。

取材・構成◎齋藤貴義

剣に重きを置いたアクション

──今回は前作『快盗戦隊ルパンレンジャーVS警察戦隊パトレンジャー』と比べてアクションの方向性がだいぶ違いますね。

福沢　銃撃戦メインだった『ルパパト』に比べて今年は剣がメインなので、それだけで印象が変わるのはいいなと思いました。ただ、日本刀みたいな正眼の構えになっちゃうと、騎士としては違和感があるじゃないですか。それで、初めはフェンシングスタイルでいこうかなと思ったんですけど、それには刀身が太くてちょっとミスマッチで。だったら重い剣を両手で持って振り回しながら、そこから叩き斬るようなソード的なものはどうだろうと考えたんですが、それにしては刀身がちょっと短いんですよ。いろいろ海外の作品なんかを観て研究したんですけど、華麗に剣を使いこなしている人はいなくて、どうしようか悩みましたね。

──騎士というと三銃士的なものを思い出しますが。

福沢　プロデューサーでも三銃士のようなイメージがあったみたいなんですよ。それで三銃士関連の作品も見直しましたが、剣を合わせるおなじみのポーズは、3人というのは絵になるんですけど5人はちょっと難しい。剣が重なる中心点まで5人が均一の距離にいなきゃいけないんですけど、そうすると両サイドの立ち位置からでは刀が中心まで届かないんですよ。悩みました(笑)。刀身が太くて少し短めのリュウソウケンに似合うアクションをと模索していくうちに、今回はフェンシング的なものとソード的なもの、その他の要素も加味した複合型アクションになった感じでしょうか。

──剣をクルクル回す軽やかな動きも取り入れられていますね。

福沢　一番剣技に長けているブラックには、離れ業的なものもそれが当たり前のようにどんどんやってもらおうと思って。技術的にはそれなりのものを要求されますけど、やっぱり竹内(康博)さんはすごいですよね。マスクだと見えないところが難しいんですよ。手元はギリギリで見えるぐらいで、目で追っていればいいんですけど、敵から目を離してしまう状態になりますから。

──ああいうアクションはリクエストして、すぐにできてしまうものなんですか？

福沢　竹内さんに関してはこっちが細かくリクエストするよりも、「ここで一発食いつくものを入れていただければ」みたいなやりとりをしてます。他のメンバーからも「こういうのやりたい」という提案があれば、それを流れの中でどうやって組み込めるか考えて、決めていく感じですね。

──追加戦士のゴールドのアクションについては、どんな点を意識されましたか？

福沢　ゴールドは銃とナイフだったでしょ。ナイフを使うとなると、僕は趣味的にちょっと違う方向に行きがちになっちゃうんですよ(笑)。そこは多少、自分の中で抑えつつなんですけど、岡田(和也)にイメージとして伝えたのは、洋画のスパイ映画などにある工作員です。息をするように人を斬る、みたいな。ただ、機械的というよりは「戦闘よりも嫁探しが大事」という意味で、片手間で戦ってる感じがいいかなと。

──第14話における多数のドルン兵との戦いは、長回しも含めて充実していましたよね。

福沢　あの回は巨大戦がなかったし、渡辺(勝也)さんからゴールドをガッチリ見せてほしいと言われていたので。銃撃戦を見せたい、ナイフを見せたい、ナイフにパワーを溜めたときの強さを見せたい、ビリビリソウルを詰めて撃ちたい、アーマーの強竜装も見せたい……これはもうフルコースだなと。次の話に多少持ち越そうかなとは思ったんですけど、そこでどのくらいゴールドを見せられる状況があるかわからなかったので、やれることは全部入れようということであのようになりました。

──弾いた敵の槍が手前地面に突き刺さるなど、劇画チックな見せ方もされていました。

福沢　流れ的に、接近戦でドルン兵と戦ってゴールドの身体能力を見せなきゃいかんなと思っていたんですが、そこで気持ちが止まらないように撮りました。全体的に走りながら動いていたので、次の動きに行くにはどうしたらいいのかなと思って取り入れたんです。そこからまた走りだした辺りはGo Pro Fusion(球面カメラ)を使ってワンカットでずっと追いかけていけるだろうと、観ている人が気持ちよく乗っていけるように組み立てていきました。

スーツアクターたちの実力

──今回、アクターのみなさんにはどんなお話をされましたか？

福沢　初めに言ったのは「アクロバット禁止」です。『ルパパト』である程度そこにトライしたので差別化の部分もあったし、騎士がクルクル回ったりしたらそれはちょっと違うかなということもありました。それで1クールまでは、リュウソウジャーならではのイメージが付くように、アクロバットはナシでみんなに剣の扱いの技術を見せてもらいたいなと。そろそろキャラクターが固まってきたので、あとは多少自由にしても大丈夫だと思うし、さすがに1年ずっとそれだけだと苦しくなってくるので、最近は解放しました(笑)。やっぱり派手めなほうがいいですからね。

──レッドに伊藤茂騎さんを抜擢されたのは福沢さんですか？

福沢　はい。今年は企画を聞く前

から高田（将司）かシゲと個人的に思ってたんです。そしたらコンセプトに「恐竜」というのがあるって知って……。そうすると感覚的に身体全体を使ってイケイケでいかないとダメだなと。そこでシゲのパトレンエックスを思い出して、その感じでいってみようかなと決断しました。

――逆に、今回の高田さんは落ち着いて騎士らしい感じですね。

福沢　そうですね。ブルーが一番騎士っぽい。だから、高田は教科書通りの感じで。

――ブラックの竹内さんの次に優等生ですね。

福沢　そう、ブラックはすべてにおいての優等生。ピンクはもう（力強く）「ドーン!!」って感じで（笑）グリーンは速い動きで前のめり。短いアクションシーンの中でどこまで個性が印象に残るように作れるかというところですよね。前回はルパン側、パト側がそれぞれチームなのでみんな同じような武器の扱い方をしていましたが、今回は基本ラインは一緒なんだけど、そこにみんなの役の性格が加わって使い方が変わるということですね。

――変身前の俳優陣に対してのアクションの付け方は？

問題は動ける動けないじゃないんですよ。大事なのは、そこに「やりたい」という気持ちがあるかどうか。

福沢　基本はキャラクターに付けるのと一緒ですよ。あとはそれぞれアクターの人たちが付いてくれているので、彼らに面倒を見てもらって。細かい動きはそこで付けてもらってる感じですね。キャストはみんな、いいと思います。問題は動ける動けないじゃないんですよ。大事なのは、そこに「やりたい」という気持ちがあるかどうか。本人の気持ちが引いちゃっていると結局ダメなので。そういう部分ではとても助かってますよ。そういう気持ちを本人たちが持っているので。

――まず気持ちが乗った芝居があって、そこにアクションの流れを作れるということなんですね。

福沢　そう、細かな手の動きなんかにしても芝居の気持ちの流れが止まらないように。動きにくそうだなというところがあれば、じゃあもうちょっと簡単にしようとか、テクニックよりも気持ちの流れをメインにしてあげればいい。視聴者がそれを見て興奮したり、頑張ってほしいなと思ったり、そう感じてもらえることが優先です。

――プロデューサーが「今年は強い戦隊で行きます」とおっしゃっていた通り、キャラクター的にみんな強いですね。

福沢　その点は個人的にちょっと心配だなという部分もあって。変身前にもっとガンガンやられておいたほうがいいなと思うことがあるんですが、どうしても勝ち過ぎちゃうんですよ。変身後の更に強くなった状態でももちろん戦いますから、変身していなければやっぱり五分か、ちょっと苦戦する感じで、変身することでなんとか撃退するみたいな波を作っていけるほうがやりやすいですね。

――では逆に、苦労されているところは？

福沢　例年よりアクションの入れどころが短いところです。今までは敵をやっつけるまでがガッツリあってしっかり見せどころを作れたんですが、今回はそこを巨大戦のほうに持っていくので、要は「つなぎ」みたいな形が基本ラインなんです。さらに、そこでリュウソウルや武装を見せなきゃならない。かなりのパフォーマンスをできる人たちが演じてくれているので、短い中でもなるべく生身の動きを見せたいんですよ。その部分で頑張らないとやっぱりアニメでいいじゃんってなっちゃうから。子供たちが見たときに、何か一つ「あ、すごい！」と思ってもらえるところ、憧れてもらえるところ、「カッコいい！こういうふうになりたいな」というものを短くコンパクトに見せていかなきゃならないので、そこはインパクト勝負ですね。その分、気持ちを上げていって、その流れから見せ場へという流れが作りづらいのはあって。アクションしながらのお芝居みたいなものはちょっと減ってますからね。本当は6人全員、それぞれに見せ場があったほうがいいと思うんですけど、今年は瞬発力で一気に盛り上げてます。

――Gロッソなんかを見ているとスーツアクターのファンの女性が増えているようにも思うんですが、その辺りはどうお考えですか？

福沢　ありがたいですね。もうちょっとスポットが当たってもいいかなと思うんですけど。こういう本だとアクターにもスポットを当てていただけてますが、番組的にはあくまでリュウソウレッドは一ノ瀬颯＝コウではあるので。

――今後のアクションシーンについて、希望や展望などあれば。

福沢　いつも言ってるんですけど、できれば日常生活の中で戦うシーンができればと思っているんです。街の中で戦いが始まると、だいたい街の人たちはパーっと逃げちゃうじゃないですか。それで誰もいないところで戦ってるみたいなことになるんですけど、生活感があるところで、そこに暮らす人たちも含めたアクションシーンを見せられると面白いんじゃないかなと。コンビニで店員さんが取り残されて怯える中、アクションをするとか、視聴者にとって身近な状況の中でのアクションってやってみたいなというのがあるんですよね。

――たとえば、ジャッキー・チェンの『ポリス・ストーリー／香港国際警察』みたいな感じですか？

福沢　そうそう！　それができたら最高ですね。吉祥寺のサンロード商店街に行くといつも思うんです。あそこのアーケードの上に登って戦わせたいって（笑）。入り組んでいて面白いんですよ。だからいつも見ちゃう。あそこから出せるとか、あそこにクレーンが入るなとか。このあいだテレビ朝日夏祭りに行ったときも、テレビ朝日の向かいのビルなんか階段の脇が吹き抜けになってて、ああいうとこを見るとね（笑）、いつかこういうところでやりたいなって思います。

ふくざわ・ひろふみ：1970年2月27日生まれ。長野県出身大野剣友会を経てレッドアクションクラブ（現レッド・エンタテインメント・デリヴァー）に所属。『百獣戦隊ガオレンジャー』でガオレッドを演じ、以降もスーパー戦隊シリーズでレッドを中心に数々のキャラクターを演じた。『特命戦隊ゴーバスターズ』からアクション監督を務め、以降の全作を担当。

LOOKING BACK RYUSOULGER

リュウソウジャーのあゆみ

2019年3月17日より放映開始の「騎士竜戦隊リュウソウジャー」。
放映開始前から今に至るまで各所で話題を提供している。
ここでは各媒体にいろんな顔を見せるリュウソウジャー及び
彼らを取り巻く人々の活躍(!?)を、日を追って一覧にまとめてみた。
物語と一緒に歩いてみるのも楽しいかも。

番組本編

2019年3月17日
【第一話】ケボーン!!竜装者(リュウソウジャー) 監督／上堀内佳寿也脚本／山岡潤平
コウ、メルト、アスナ、各マスターよりリュウソウジャー拝命。巨大マイナソーによりマスターを失う。ティラミーゴ登場。ういと出会う。

3月24日
【第二話】ソウルをひとつに 監督／上堀内佳寿也 脚本／山

リュウソウジャートピック

2018年12月26日
【SNS】公式ツイッター開始／同時に~ティラ~という言い回しのツイートも開始

2019年2月3日
【CM】前作ルパパト番組内にリュウソウジャーの予告が流れる

2月6日
【配信】制作記者発表／ビデオパスにてライブ配信されたキャスト5名もここで全員初お披露目

2月10日
【SNS】コウ役一ノ瀬 颯さんが公式ツイッターにて、前戦隊ルパパト最終回に向けて「これからは任せてください。ティラ」と力強くもかわいいコメント。

2月11日~3月10日
【シアターGロッソ】ルパパトショー第五弾にて最後の挨拶にリュウソウレッドも登場

2月17日
【TV】スーパー戦隊最強バトルにてリュウソウグリーン、リュウソウブラックが他のメンバーに先駆けテレビ初登場。
【東映公式youtube】「リュウソウジャーのひみつ」動画公開。

2月23日
【雑誌掲載】「月刊TVガイド4月号」「TV.Bros. 4月号」にキャスト5名による座談会収録

2月24日
【東映公式youtube】エンディングダンスのケボーンダンス動画公開。

2月27日
【雑誌掲載】「TVStation 6号」に一ノ瀬 颯さんインタビュー掲載。

2月28日
【雑誌掲載】「TVマガジン4月号」にキャスト5名座談会掲載。

3月1日
【雑誌掲載】小原唯和さんがメンズモデルを務める「ニコラ4月号」にてリュウソウジャー制作発表記者会見の記事掲載。

3月7日
【雑誌掲載】「HIRO VISION VOL. 71」発売。座談会とそれぞれのソロインタビューが掲載されている。ルパパトのメンバーと並んで表紙を飾った。

3月9日
【雑誌掲載】「アニメージュ4月号」一ノ瀬 颯さんソロインタビュー掲載。

3月13日
【雑誌掲載】「TV LIFE 3／13発売号」にキャスト座談会と一ノ瀬 颯さんソロインタビュー掲載。

3月16日~4月21日
【シアターGロッソ】リュウソウジャーショー第一弾。

3月17日~
【TV】「騎士竜戦隊リュウソウジャー」放映開始
【ケボーンダンス東映official】ケボーンダンスのキャストソロ画像が配信
【イベント】ルパパトファイナルライブツアー劇中にリュウソウジャー登場。ノエルを手助けした。

3月20日
【東映公式youtube】コウ役／一ノ瀬 颯さんによるリュウソウ

番組本編

6月23日
【第十四話】黄金の騎士 監督／渡辺勝也 脚本／山岡潤平
海のリュウソウ族・カナロ／リュウソウゴールド登場。彼は残り少なくなった一族のため、婚活優先でコウたちから仲間になろうという申し入れを一蹴する。

6月30日
【第十五話】深海の王 監督／坂本浩一 脚本／荒川稔久
陸のリュウソウ族は信用ならぬと騎士竜モサレックスに教えられていたカナロは、コウたちをみて考えを変えようとする。カナロの妹。オト登場。メルトに一目ぼれするもメルトは腰引け気味?

7月7日
【第十六話】海に沈んだ希望 監督／坂本浩一 脚本／荒川稔久
コウたちの戦う姿勢にモサレックスが少し軟化する。モサレックスが変形するキシリュウネプチューン登場。

7月14日
【第十七話】囚われの猛者 監督／中澤祥次郎 脚本／下亜友美
モサレックスとディメボルケーノは互いを「兄弟」と呼び合う仲と判明。合体し騎士竜スピノサンダーとなる。バンバの昔の恋人登場。

7月21日
【第十八話】大ピンチ!変身不能!! 監督／中澤祥次郎 脚本／たかひろや
キシリュウオー、モサレックス、ディメボルケーノが合体するギガントキシリュウオー登場。カナロ、巫女さんに既婚を理由に失恋。

7月28日
【第十九話】進撃のティラミーゴ 監督／上堀内佳寿也 脚本／山岡潤平
ティラミーゴの日常が描写される。お気に入りの先生のいる学校での事件を解決するため、普段は「嫌い」と言い張っているメルトと力を合わせた。

8月4日
【第二十話】至高の芸術家 監督／上堀内佳寿也 脚本／たかひろや
「スーパー戦隊最強バトル」以来のガイソーグ登場。トワに意味深な言葉を残す。トワとバンバの幼少時代が描かれた。

8月11日
【第二十一話】光と闇の騎士竜 監督／加藤弘之 脚本／山岡潤平
騎士竜シャドーラプター、シャインラプター登場。この回以降、たびたび光と闇の狭間のリュウソウ族・セトーが龍井尚久の体に憑依するように。

8月18日
【第二十二話】死者の生命!? 監督／加藤弘之 脚本／山岡潤平
死者の思いからもマイナソーが発生することが判明。マスターピンクの言葉により、リュウソウピンクの修行者は他にも数名いたらしきことが語られた。

8月25日
【第二十三話】幻のリュウソウル 監督／渡辺勝也 脚本／下亜友美
リュウソウルは発掘して入手するもの。そして時々に仲間内でトレーディングされていることが判明。コウはリュウソウルの声が聞ける。バンバがトワが自慢に思うほどにリュウソウルコレクションを持っている。

9月1日

リュウソウジャートピック

7月4日
【ティラ散歩】オトちゃん役／田牧そらさん登場

7月13日
【イベント】テレ朝夏祭りスタート!

7月13日~9月29日
【シアターGロッソ】リュウソウジャーショー第三弾。リュウソウゴールドが登場し、ビリッと盛り上げた。

7月14日
【ケボーンダンス東映official】カナロ／兵頭功海さんのケボーンダンス公開
【TV】テレビ朝日系列「おべんとレター」にトワ役小原唯和さん登場。バンバ役岸田タツヤさんにお弁当を作った。

7月15日
【イベント】夏映画完成報告イベント

7月18日~9月4日
【コラボ】越谷レイクタウンのカプコンカフェにてリュウソウジャー夏映画とのコラボ

7月21日
【TV】本編にてリュウソウゴールドも加わった新しい名乗りが披露される

7月24日
【ケボーンダンス東映official】ジオウキャストによるケボーンダンス公開
【雑誌掲載】「東映ヒロインMAX 7／24発売号」にアスナ役尾碕真花さん登場。他金城茉奈さん、田牧そらさん、沢井美優さん、北原里英さん、下園愛弓さん、白石涼子さん、神尾直子さんも
【webニュース】マイナビニュースにて上堀内監督インタビュー掲載

7月25日
【webニュース】マイナビニュースにアスナ役尾碕真花さんのインタビュー掲載

7月26日
【映画】夏映画公開。TジョイSEIBU大泉を皮切りに、全国主要映画館へとキャスト6人で舞台挨拶に足を運んだ
【TV】テレ朝「グッドモーニング」にコウ役一ノ瀬 颯さんが生出演。
【webニュース】「mamagirl」にて6人スペシャルインタビュー掲載

7月28日
【TV】リュウソウピンク役下園愛弓さんの愛犬たちがリュウソウジャー出演

7月30日
【SNS】公式ツイッターにキャストとスーツアクター総勢11名(カナロ役／兵頭功海さんのみ不在)のオフショット公開

7月31日
【webニュース】マイナビニュースにカナロ役／兵頭功海さんソロインタビュー掲載

8月1日
【webニュース】ライブドアニュースにて一ノ瀬 颯さんと綱 啓永さん対談掲載

8月4日
【TV】「おべんとレター」トワ役／小原唯和さんがコウ役／一ノ瀬 颯さんにお弁当を。／テレビ番組「サイキ道」に一ノ瀬 颯さん出演。仮面ライダージオウ役奥野壮さんと対談。
【イベント】新宿のバルト9にて大ヒット御礼舞台挨拶を奥野壮

岡潤平
コウ、メルト、アスナ、龍井家に同居開始。トワ、バンバ兄弟の前に謎の男現れる。

3月31日
【第三話】呪いの視線　監督／中澤祥次郎　脚本／山岡潤平
トリケーン、アンキローゼと出会う。ティラミーゴ、チイサソウルで一緒に行動出来るように。トワ、バンバと出会う。

4月7日
【第四話】竜虎!!最速バトル　監督／中澤祥次郎　脚本／山岡潤平
トワ、バンバ兄弟と仲良くなりたいコウは、トワといろんな勝負をする。タイガランス登場。バンバたち、マイナソー元の人間を消そうという考えを改める。

4月14日
【第五話】地獄の番犬　監督／渡辺勝也　脚本／山岡潤平
マイナソーの出現に際し、トワはコウたちにも声を掛けようと思うようになるが、バンバはまだ態度を硬化させたまま。ミルニードル登場。

4月21日
【第六話】逆襲!!タンクジョウ　監督／渡辺勝也　脚本／山岡潤平
前回よりトワは毒に倒れたまま。自らを犠牲にして皆を救おうとするコウを見て、バンバは少しだけ態度を軟化させる。5人の騎士竜が合体したキシリュウオーファイブナイツにてタンクジョウを撃破。

4月28日
【第七話】ケペウス星の王女　監督／坂本浩一　脚本／山岡潤平
ドルイドン幹部・ワイズルー登場。

5月5日
【第八話】奇跡の歌声　監督／坂本浩一　脚本／山岡潤平
コピーティラミーゴが飲み込んだ爆弾で爆発。
アスナはあまり歌が得意ではないことがわかる。

5月12日
【第九話】怪しい宝箱　監督／柏木宏紀　脚本／下亜友美
メルトはマスターブルーに手作りのお守りを渡していた過去が。
マイナソーはものにも発生することが分かる。

5月19日
【第十話】無敵のカウンター監督／柏木宏紀　脚本／金子香緒里
アスナの直観力と結果オーライがいかんなく発揮された。
落ち込むアスナを慰めにくるティラミーゴの姿が見られる。
リュウソウブルー役高田将司さんが劇中「チャラ男役」で登場していることを公式ツイッターにて紹介

5月26日
【第十一話】炎のクイズ王　監督／加藤弘之　脚本／山岡潤平
騎士竜ディメボルケーノ登場。メルトが周囲の期待にプレッシャーを感じるタイプだと判明。

6月2日
【第十二話】灼熱の幻影　監督／加藤弘之　脚本／山岡潤平
ディメボルケーノが仲間になる。ティラミーゴ、ディメボルケーノにやきもちを焼いてコウを責める一面も。

6月9日
【第十三話】総理大臣はリュウソウ族!?　監督／渡辺勝也　脚本／山岡潤平
不老不死を噂されている女総理大臣はリュウソウ族でバンバの知り合いと判明。バンバたちのマスターを知っているらしいが語らず姿を消す。

ジャー変身講座配信

3月26日
【SNS】公式ツイッターにて【ティラミーゴのティラ散歩】開始。記念すべき初回は東映東京撮影所

3月29日
【雑誌発売】「TV LIFE　3／27発売号」にメルト役綱 啓永さんインタビュー掲載。

4月1日
【雑誌発売】「宇宙船 vol.164」にキャスト5人座談会＋上堀内監督インタビュー掲載／「おともだち　5月号」に一ノ瀬颯さんソロインタビュー掲載

4月21日
【東映公式YouTube】騎士竜大集合のスペシャルムービーが公開

4月24日
【雑誌掲載】「TV LIFE　4／24発売号」に小原唯和さんインタビュー掲載

4月27日～6月16日
【シアターGロッソ】リュウソウジャーショー第二弾。シアターGロッソ10周年記念公演として、歴代レッドたちが日替わりで登場、大好評で連日満席を更新。

4月28日
【ケボーンダンス東映 official】踊るルパパトメンバーが登場
※GW時期に相次いでリュウソウジャーキャストがシアターGロッソに訪れ、それぞれのツイッターにて報告

5月8日
【雑誌掲載】「TV LIFE　5／8発売号」に岸田タツヤさんのソロインタビュー掲載

5月10日
【雑誌掲載】「アニメージュ　6月号」にてらそままさきさん、おぐらとしひろさんのティラミーゴ対談が掲載

5月20日
【キャスト発表】カナロ／リュウソウゴールド役兵頭功海さん発表

5月31日
【ティラ散歩】上堀内佳寿也監督登場

6月1日
【キャスト発表】リュウソウゴールド／カナロの妹・オトちゃん役／田牧そらさん発表

6月7日
【雑誌掲載】「HERO VISION VOL.72」にカナロも加えた6人座談会やカナロソロインタビュー掲載。裏表紙もリュウソウジャーで飾る

6月11日
【玩具】「DXキシリュウオースリーナイツセット」が「日本おもちゃ大賞2019」受賞!

6月23日
【TV】本編にカナロ／リュウソウゴールド初登

6月30日
【TV】OPとEDがカナロを加え新バージョンに

7月1日
【雑誌掲載】「宇宙船　vol.165」発売。兵頭功海さんソロインタビュー、クレオン声優の白石涼子さんソロインタビュー、脚本山岡潤平さんソロインタビュー掲載

【第二十四話】恋の空手道場　監督／渡辺勝也　脚本／荒川稔久
キシリュウネプチューンコスモラプター登場。オトはメルトの連絡先を知っていることが判明。カナロは穏やかではないようだ。

9月8日
【第二十五話】踊るクレオン　監督／渡辺勝也　脚本／金子香緒里
電子化されたマイナソー登場。キシリュウオーコスモラプターはネット世界に入り込めることが判明。

9月15日
【第二十六話】七人目の騎士　監督／柏木宏紀　脚本／山岡潤平
マスターレッドの弟子だったというナダ登場。バンバとは昔なじみだった。また、コウは子供の頃は乱暴者だったが、アスナ、メルトの存在で優しさを知り、今のコウとなったことが語られた。

9月22日
【第二十七話】天下無双の拳　監督／柏木宏紀　脚本／山岡潤平
騎士竜パキガルーとその子ども・チビガルー登場。ドッシンソウルをリュウソウブルーが強竜装した。キシリュウオーパキガルー登場。公式ツイッター内にてリュウソウブルー役高田将司さん慰められる。

9月29日
【第二十八話】ミクロの攻防　監督／柏木宏紀　脚本／荒川稔久
チイサソウルでミクロレベルまで小さくなれると判明。コウ、ドッシンソウルとアスナの活で己の迷いを克服した。

10月6日
【第二十九話】カナロの結婚　監督／坂本浩一　脚本／たかひろや
カナロ、結婚しようと思った相手やその周囲、さらには人類の平和を守るため、リュウソウジャーとして戦い平和を勝ち取る日々を選ぶ。
トワとバンバ、ガイソーグの正体がナダと知る。

10月13日
【第三十話】打倒!高スペック　監督／坂本浩一　脚本／下亜友美
騎士竜ピーたん登場。トワはナダからマスターグリーンの最期と、ガイソーグの顛末を聞く。ナダのことをコウ、メルト、アスナに伝えるもコウはナダを信じると言い切る。

10月20日
【第三十一話】空からのメロディ　監督／坂本浩一　脚本／山岡潤平
ヒエヒエソウルおよびヨクリュウオー登場。空の騎士竜ピーたんの封印を解くと、プテラードンに。海のリュウソウ族の鼓膜は三重だと判明。

10月27日
【第三十二話】憎悪の雨が止む時　監督／上堀内佳寿也　脚本／山岡潤平
ナダ、ガイソーグを操れるように!?　プティラミーゴ、キシリュウオージェット登場。

11月10日
【第三十三話】新たな刺客　監督／上堀内佳寿也　脚本／山岡潤平
新幹部ウデン登場。マックスチェンジャーとマックスリュウソウルでコウ、マックスレッドに。ナダ、コウの腕の中で散る。

さんと感謝を伝えた。
【Webニュース】マイナビニュースに一ノ瀬 颯さんソロインタビュー掲載

8月7日
【雑誌掲載】初のキャラクターブック「騎士竜戦隊リュウソウジャーキャラクターブック～愛ソウル～」発売。キャストはもちろんスーツアクター×アクション監督座談会掲載

8月9日
【イベント】東京ドームシティプリズムホールにて「Wヒーロー夏祭り」開催。リュウソウジャーの展示もあり。

8月14日
【TV】テレビ朝日特番「特捜X実録映像コップ」に一ノ瀬 颯さん出演。初のバラエティ番組参加。

8月17日
【東映特撮ファンクラブ】リュウソウジャーBDに収録の特典映像、キャストによるフットサル動画が一部配信開始

8月22日～9月4日
【コラボ】リュウソウジャー×カプコンコラボカフェが池袋店でも開催

8月25日
【Webニュース】まんたんwebにてカナロ／兵頭功海さんインタビュー掲載

8月30日
【ティラ散歩】オトちゃん登場。ティラミーゴと撮影の合間のくつろぎショット披露。

9月1日
【SNS】公式ツイッターにて七人目の騎士!?　ナダ役長田成哉さん発表。

9月4日
【雑誌掲載】TV LIFE 9月4日号に小原唯和さん×岸田タツヤさん対談掲載。

9月9日
【雑誌掲載】HERO VISION VOL.73発売。リニューアル第一弾の表紙をリュウソウジャーが飾る!

9月13日
【ティラ散歩】撮影合間に子ども達に挨拶をするリュウソウレッドを激写。微笑ましい一枚です。

9月29日
【ケボーンダンス東映 official】ナダ役／長田成哉さん、ダンスお披露目。

10月1日
【雑誌掲載】「宇宙船 vol.166」に一ノ瀬 颯×長田成哉インタビュー掲載。福沢博文アクション監督、ティラミーゴ役／てらそままさきインタビューも。

10月2日
【雑誌掲載】「TV LIFE 10／2発売号」小原唯和さん×岸田タツヤさん対談後編掲載。

11月2日～
【シアターGロッソ】リュウソウジャーショー第四弾開始。なんとステージにはティラミーゴも登場!?　アクション監督はおぐらとしひろさんが!

リュウソウワールドへ行こう! 騎士竜戦隊リュウソウジャーエンジョイブック

発行日　2019 年 11 月 20 日　第 1 刷発行

発行者　太田歳子
発行所　株式会社リブレ
〒162-0825 東京都新宿区神楽坂 6-46　ローベル神楽坂ビル
電話 03-3235-7405（営業）　03-3235-0317（編集）　FAX 03-3235-0342（営業）
印刷所　三共グラフィック株式会社
装丁・本文デザイン　上田由樹（リブレデザイン室）
カメラマン　高山遊喜／遠山高広（MONSTERS）
ライター　嵩谷五郎／大黒秀一／齋藤貴義／トヨタトモヒサ／山田幸彦
メイク　辻 真実・松本智菜美・田中梨沙（株式会社ザフェイスメイクオフィス）
衣裳　角田千香・早川真衣（東京衣裳株式会社）／小道具　淀名和祐介（株式会社東京美工）
取材担当　平林京子／脇山由子（株式会社東映テレビ・プロダクション）
ロケ協力　師田富士男（苗場温泉「雪ささの湯」）／村井幸雄

JAE 補助（ティラミーゴ稼働時）　森 博嗣／齋藤謙也（株式会社レッド・エンタテインメント・デリヴァー）／宮川 連（株式会社ジャパンアクションエンタープライズ）
・・・
協力
株式会社研音／株式会社ワタナベエンターテインメント／株式会社オスカープロモーション／株式会社ホリ・エージェンシー／イトーカンパニーグループ／アミューズ／株式会社マウスプロモーション
株式会社ジャパンアクションエンタープライズ／株式会社レッド・エンタテインメント・デリヴァー
・・・
監修　東映株式会社
監修協力　北村萌香／松石 航／土井健生（東映株式会社）
・・・
編集協力　高木晃彦（noNPolicy）／企画編集　リブレ編集部

Printed in Japan
ISBN 978-4-7997-4626-4

CONTENTS

撮影◎遠山高広(MONSTERS)

巻末撮り下ろし写真館

ティラミーゴの夏休み

避暑地を練り歩く騎士竜が1匹――。
戦いの日々を離れ束の間、山や川に遊び、日帰り温泉で疲れを癒すティラミーゴの一日を
つぶさに追った本誌ラストを飾るスペシャル企画。

さの湯

男湯

そろそろ
みんなのところに
帰るティラ……